백제 금동대향로 동물백과

유물시선

유물시선은 한국의 유물을 과거에 두지 않고
동시대로 가져온다.

뉴스레터 '나만의 한국사 편지'를 편집하고 발행하는
조부용과 유튜브 '가지가지 한국사'를 만드는 조부나,
유물의 이미지와 텍스트 사이의 관계망을 탐색하는
그래픽 디자이너 남선미와 비인간 존재에 대한
이야기를 탐구하는 일러스트레이터 남연주로
구성되어 있다.

『백제금동대향로 동물백과』(2022),
『유물시선-돌』(2023),
『탐라의 귀신: 제주의 영원한 수호자들』(2024)을
출판했다.

감수. 조경철

현 연세대 사학과 객원교수. 2003년부터
연세대학교에서 한국사를 가르치고 있다.
한국연구재단에서 조사한 인용지수 한국사 분야에서
2위를 했으며, 한국사상사학회 회장을 역임했다.
『거꾸로 읽는 한국사』(2025), 『유물시선-돌』(2023),
『나만의 한국사』(2020), 『백제불교사 연구』(2015)
등을 썼으며, 50여 편의 연구 논문을 발표했다.
나라이름역사연구소를 운영하며,
늘 새로운 시각에서 역사를 바라보고자 한다.

백제 금동대향로 동물백과

유물시선
조부나 남연주
조부용 남선미

감수
조경철

일러두기

- 향로의 캐릭터 수 85개는 2013년 발간된 국립부여박물관 도록을 기준으로 했다. 본 책에서는 85개의 캐릭터를 70종으로 분류해 설명했다.
  - 생김새와 자세가 똑같은 동물은 중복해 설명하지 않았다.
  - 둘 이상의 캐릭터가 모여있는 경우 하나로 묶어 설명했다.
- 향로의 캐릭터 이름은 2003년, 2013년 발간된 국립부여박물관 도록을 주로 참고했다. 향로의 동물이 어떤 동물인지 명확하게 밝혀진 바가 없기 때문에 몇몇 동물은 상상력에 기반해 새롭게 이름 붙였다.
- 5악사의 악기 이름은 『백제문화원형의 이해』를 참고했다.
- 수록된 사진은 국립부여박물관으로부터 사용 허가를 받았다.
- 흔히 물고기라고 표기하는 생물들을 이 책에서는 물살이라고 표현했다.
- 책 제목은 『 』, 논문 제목은 「 」, 그림·시·곡의 제목은 < >로 묶었다.

국립부여박물관 전시동 안, 유일하게 홀로 방을 쓰는 유물이
하나 있다. 유물을 마주한 사람들은 약속이나 한 듯 그 주위를
탑돌이 하듯 뱅글뱅글 돈다. 그러다가 멈춰 선다. 유물을
보호하는 유리 칸막이에 코가 닿는 줄도 모르고 가까이
다가가 본다.

향로는 그 자체로 한 편의 좋은 영화다. 새로운 세계를 뿜어낼
준비를 하면서 발끝에 힘을 준 용의 모습은 영화의 긴장감,
관객의 기대감을 자아낸다. 훌륭한 도입부다. 용의 입에서
연꽃과 산의 세계가 펼쳐진다. 그곳에 사는 동물들, 인물들이
등장한다. 캐릭터들은 향로를 보고 있는 관객들처럼 향로의
중심축을 기준으로 줄지어 돌고 있다. 누구 하나 앞서거나
뒤서거나 하지 않는다. 그저 각자의 자리에서 발맞춰 걸으며,
어우러진다. 향로에서 연기가 피어나듯, 그렇게 서로가 함께
스며드는 모습이다. 향로 속 동물들과 인물들이 향하는 방향을
눈으로 좇아 따라가다 보면 5악사를 마주하게 된다. 악기를
연주하며 짓고 있는 은은한 미소가 이 영화의 장르를 알려주는
듯하다. 음악 소리가 얼마나 좋았는지 하늘에서 봉황이 날아와
꼭대기에 앉았다. 기분 좋은 결말이다.

향로는 고정된 물체로 천 오백 년째 멈춰 있다.
사실은 천 오백 년째, 멈추지 않고 움직이고 있었다.

음악이 들리는 순간, 모든 것이 살아 움직이기 시작했다.

국보 백제금동대향로(百濟金銅大香爐)

제작 연대
백제, 6~7세기

출토지
충청남도 부여군 부여왕릉원 절터

출토일
1993년 12월 12일

소장
충청남도 부여군 국립부여박물관

재질
동 표면에 도금

크기 및 무게
높이 61.8cm, 최대 지름 19cm, 무게 11.8kg

형태
밑에서부터 용 모양 받침, 연꽃잎으로 장식된 몸체,
산 모양 뚜껑, 봉황 장식 순서로 구성

* 연꽃 1단에는 동물과 인물이 조각되어 있지 않다.
* 연꽃 3단의 잎과 잎 사이에는 동물과 인물이 조각되어 있다.
  이를 연꽃 4단이라 표기했다.

읽기 전에

1. 백제금동대향로의 용-연꽃-산과 5악사-봉황으로 이어지는 유기적인 전개과정에 따라 책의 목차를 '기승전결(起承轉結)'로 구성했다.

2. 백제금동대향로 속 동물과 인물을 설명하면서 해당 동물, 인물과 관련된 우리나라의 역사 속 기록, 신화, 설화, 유물들을 함께 해설해 수록했다.

3. 이 책에서는 백제금동대향로의 역동적인 구조를 '화생전변(化生轉變)'이라는 단어로 표현해 강조했다. '화생전변'의 의미는 부록의 'Ⅲ. 향로의 화생전변적 상징구조' 부분에서 상세히 설명하였다.

들어가며 — 12

기(起) — 용 — 18

승(承) — 연꽃 — 26

2단. — 30

긴꼬리 신수 1 / 외뿔 신수 1 /
악어 / 긴꼬리 신수 2 /
신수에 올라탄 인물 /
외뿔 신수 2 / 세 날개 신수 /
몸을 낮춘 새

3단. — 46

뛰는 새 / 날개 달린 신수 /
고개를 돌린 새 / 황새 1 /
무술 하는 인물 / 물살이를
삼키는 동물 / 작은 새 /
날개 달린 물살이

4단. — 62

황새 2 / 황새 3 / 황새 4 /
물살이 / 황새 5 / 한 쌍의 새 /
황새 6

전(轉) — 산과 5악사 — 76

1단. — 80

코끼리를 탄 인물 /
인면수신 / 긴부리새 /
인면조신 1 / 우의 입은 인물 /
지팡이를 든 인물 1과
두 마리의 새 / 호랑이 1 /
개 1 / 새끼를 품은 사자 /
호랑이 2와 새 / 포수

2단.	102

외뿔새 / 긴꼬리새 /
인면조신 2 / 멧돼지 1 /
말 탄 인물 1 /
화염보주를 든 신수 / 원숭이 /
약초를 만지는 인물 1 /
지팡이를 든 인물 2 /
지팡이를 든 인물 3 /
인면조신 3 / 긴허리 동물 /
개 2 / 멧돼지 2 / 말 탄 인물 2

3단.	132

외수 1 / 앞발을 든 동물 /
호랑이 3 / 사슴 /
이목구비가 큰 인물 / 개 3 /
머리 감는 인물 / 외수 2

4단.	148

뱀을 문 신수 / 독수리 /
약초를 만지는 인물 2 /
명상하는 인물 / 먹이를 문 새

5단.	158

다섯 마리의 기러기
백제금을 켜는 악사
백제북을 치는 악사
완함을 연주하는 악사
종적을 부는 악사
배소를 부는 악사

결(結)	봉황	**170**
부록	백제금동대향로의 화생전변적 상징구조와 제작목적	**178**
찾아보기		**222**

들어가며

"원숭이 엉덩이는 빨개/빨가면 사과/사과는 맛있어/
…/비행기는 높아/높으면 백두산"이라는 노래가 있다.
원숭이로 시작해 백두산으로 끝난다. 그 과정에서 사과,
바나나, 기차, 비행기 등이 나열되는데 이들은 어떤 구체적인
인과관계로 엮어진 것은 아니다. 다만 그럴 수 있겠구나 하는
재미로 이 노래는 널리 퍼졌다. 마지막에 백두산으로 끝나니
뭔가 힘차고 뿌듯한 마음도 생겨나고.

용에서 연꽃이 솟아나고

노래가 원숭이에서 백두산으로 끝맺는 것처럼
백제금동대향로에는 용에서 봉황까지 이르는 과정이 있다.
향로의 출발은 용이다. 힘차다. 당당하다. 다리를 하나 들어
올린 모습에선 여유까지 느껴진다. 머리는 힘차게 위로
들어 올렸다. 깊은 바닷속에 잠겨있던 잠룡이 때를 만나
용솟음치는 모습 같다. 용은 입안에서 연 줄기를 토해낸다.
      8겹의 연꽃잎은 3단으로 퍼져나간다. 잎 위와
잎 사이마다 물살이, 새, 악어, 날개 달린 신수, 인물 등이
있는데 동물은 스물다섯 마리, 인물은 두 명이다. 마치
용에 의해 출현한 모양이다. 용이 펼치는 끝없는 변화,
전변(轉變)이다.

연꽃에서 산이 솟아나고

연화생(蓮化生)이라는 말이 있다. 연꽃에서 새로운 생명이
태어나는 것을 의미한다. 고구려 고분벽화에는 연꽃 속에
두 남녀가 그려져 있는데 이는 저세상에서 다시 부부로

태어나고 싶은 염원, '연화생'을 담은 것이다. 물론 향로의 연꽃에서 솟아난 건 사람이 아닌 산이다.

솟아난 산은 신선들이 사는 방장산(方丈山)을 형상화한 것이다. 산줄기는 4단으로 구성되어 있으며 곳곳에 수많은 조각이 새겨져 있다. 현실 세계의 동물들과 현실 밖의 기괴한 신수들이 있다. 원숭이와 코끼리 등 백제에서 볼 수 없던 동물도 있다.

산과 봉황 사이, 5악사

산꼭대기에는 봉황이 있다. 용전변에 의해 연꽃이 펼쳐지고, 연화생에 의해 산이 솟아났다면 산과 봉황의 관계는 어떻게 연결되는 걸까. 산 위에 봉황이 바로 나온다면 좀 뻔하고 밋밋할 것 같다. 연꽃에서 솟아나고 있는 산줄기를 따라 위로 올라가면 뜻밖의 인물을 만나게 된다. 바로 다섯 명의 연주자다. 그들이 연주하고 있는 악기는 완함, 종적, 배소, 백제북, 백제금이다. 산과 봉황 사이, 5악사가 배치된 이유는 뭘까. 유교 경전『서경』에 '순임금이 소소(簫韶)라는 음악을 연주하자 봉황이 날아왔다'는 말이 있다. 5악사의 음악은 봉황을 불러내는 장치다. 숫자 '5' 또한 봉황과 관련 있다.『산해경』에 따르면 봉황은 다섯 가지 무늬를 지녔다고 한다. 머리 무늬는 덕(德), 날개 무늬는 의(義), 등 무늬는 예(禮), 가슴 무늬는 인(仁), 배 무늬는 신(信)을 나타낸다. 5악사 주변을 둘러싼 기러기도 다섯 마리다. 머리를 들거나 내리는, 제각각인 자세는 마치 음악에 맞춰 춤을 추는 것처럼 보인다. 연주가 무르익으면 산꼭대기가 열리면서 활주로

비슷한 것이 올라오고, 그곳에 봉황이 하늘에서 날개를
퍼덕이며 내려오는 것이다.

한 편의 교향악, 백제금동대향로

백제금동대향로는 이렇게 용에서 시작되어 봉황으로
마무리된다. 용, 연꽃, 산, 5악사, 봉황. 참으로 역동적인
구성 원리다. 5악사의 형상은 마지막 순간에 등장한다.
왠지 그 음악은 용이 바닷속에서 꿈틀거리고 있을 때부터
연주되고 있던 것 같다. 용과 봉황, 그사이에 존재하는 모든
만물을 하나로 엮어내는 교향악 역할을 해낸 것이다. 문득
베토벤의 '엘리제를 위하여'가 떠올랐다. 너무나 익숙한
곡인데 향로를 대입해 상상하자 감흥이 새로웠다. 하나의
음으로 시작해 스멀스멀 다른 음계로 격정적으로 퍼져나가는
것이 마치 향로 아랫부분에 있는 용이 머리를 들어 올려
연꽃 줄기를 뿜어내다 꽃이 활짝 펼쳐지며 절정으로 치닫는
광경을 떠오르게 했다. 알고 보니 '엘리제를 위하여'도 5와
연관성이 있었다. 곡은 5부 론도 형식을 갖추고 있다.

  용-연꽃-산-5악사-봉황. 대향로 또한 5부로
구성된다. 대향로는 용과 연꽃의 몸체, 산과 봉황의
뚜껑으로 구성되어있다. 향을 피우면 5악사 주변의 10개의
구멍과 봉황의 가슴 구멍에서 연기가 피어오른다. 5악사의
은은한 음악 소리가 퍼지고 새들이 춤을 추는 것 같다.
피어오르는 연기 속 여의주를 품은 봉황은 꼭 모든 이의
소원을 들어줄 것처럼 신비롭다. 그 소원은 무엇이었을까.
백제금동대향로는 '누구'를 위하여 만들어진 걸까. 향로의

'엘리제'는 누구였을까.

1993년, 발견되다! 어떻게?

처음 향로가 발견되었을 때 사람들은 향로의 조각 솜씨에 넋을 잃었다. 너무 잘 만든 게 화근이었다. 중국에서 들여왔다, 중국 장인이 만들었다는 말도 나왔다. 금동대향로가 백제 것이라고 자신 있게 말할 수 있는 강력한 근거가 있다면 그건 바로 5악사의 존재다. 향로에 악사가 배치된 것은 백제금동대향로가 유일하기 때문이다.

　　백제금동대향로는 1993년 12월 12일 부여 왕릉원 주차장을 만들다 우연히 발견되었다. 몸체와 뚜껑이 분리되어 진흙에 묻혀 있었다. 백제가 망하면서 급하게 땅에 묻은 것으로 추정된다. 무려 1천 5백여 년이 흘렀는데 보존 상태는 매우 좋았다. 향로가 발견된 곳은 능에 묻힌 왕들의 명복을 비는 절터이자, 백제 성왕의 3년상을 치르는 공간이었다. 성왕의 명복을 빌기 위해 향로를 만든 것으로 추정된다. 아니면 성왕의 사비 천도 전후 부여의 전통을 계승하기 위해 만들었다고도 본다. 성왕은 사비 천도 때 나라 이름을 부여로 바꾸었다. 부여는 나라를 5부 체제로 운영했으며, 5를 중시했다. (향로에는 5악사와 다섯 마리의 기러기가 있다.) 아니면 용의 아들로 태어났던 무왕 때 만들었다고 보기도 한다.

불교와 도교, 그리고

대향로의 사상적 배경을 언급할 때 보통 '연꽃'의 불교와 '방장산'의 도교를 강조하여 불교와 도교 혼용체라고 설명한다. 그동안 우리는 향로에서 5악사가 지닌 의미를 별로 주목하지 않았다. 유교에서 음악은 예와 나란히 예악(禮樂)이라 불릴 정도로 중요하게 여겼다. 종묘제례악이 대표적이다. 그러므로 대향로는 불교와 도교에 유교를 넣은, 유불도 삼교가 어우러진 사상의 총체를 담은 것으로 보아야 한다. 이를 뿜어내며 받치고 있는 것은 용이다. 용으로부터 비롯했고, 용이 받치고 있다. 용은 백제의 힘이다. 무왕은 용의 아들이기도 했다. 백제 유물 칠지도에는 정양(正陽)이란 글귀가 있다. 정양은 하늘 높이 뜬 태양을 뜻하며 황룡을 말하기도 한다. 황룡은 사방을 지배한다.

    향로를 다시 본다. 눈을 감는다. 저 깊은 바닷속에서 꿈틀대던 용이 금방이라도 튀어나올 듯하다. 저 먼 하늘에서 음악 소리와 함께 봉황이 금방이라도 내려올 것 같다.

글. 조경철

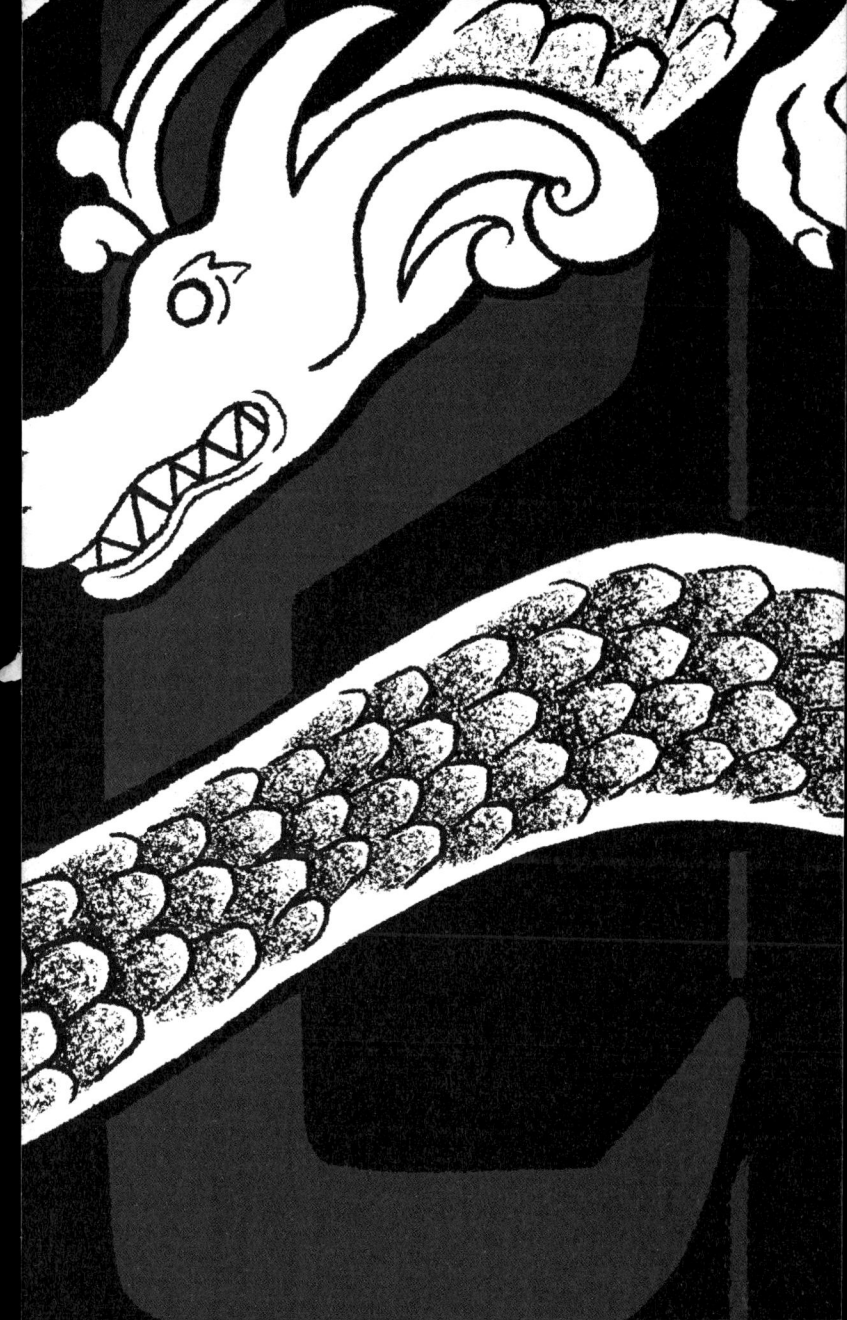

기(起)

향로에서 용이 지닌 의미는 남달라보인다.
향로 전체 3분의 1 이상을 차지하고 있는데,
크기부터 압도적이다.

용은 본래 천지 만물의 조화를 이루는 신령스러운
동물이다. 백제는 왕계의 신성성을 용과 연관 지어
강조하기도 했다.

향로에서 용은 변화무쌍함과 생동감을 보여주는
핵심 요소이자, 이야기의 출발이다. 용으로부터
일어나는 변화, '용전변(龍轉變)'에 주목했다.

1 용

세 개의 다리로 바닥을 단단히 받치고 있다. 다리 주위로는 물결이 일렁인다. 마치 물속에서 용이 솟아오르는 것 같다. 용은 입을 벌린 채 연꽃을 뿜어내고 있다. 용의 입에서 향로의 세계가 겹겹이 펼쳐진다. 그 세계의 시작은 아주 힘차고 역동적이다. 발끝까지 힘을 준 자세에서 앞으로 용의 입에서 펼쳐질 웅장한 에너지, 기운을 짐작할 수 있다. 웅장한 세계를 받치고 있음에도 한 발을 들어 올린 모습에서는 여유마저 느껴진다.

■ 용과 봉황 ■ 무령왕릉

용과 봉황은 여러 유물에서 자주 함께 등장한다. 백제 무령왕릉 출토품인 '동탁은잔', '용봉환두대도'에서도 백제금동대향로처럼 용과 봉황이 짝을 이루고 있는 것을 확인할 수 있다.

■ 무왕

백제는 왕계의 신성성을 용과 연결 지었다. 대표적으로 서동요의 주인공, 백제 무왕의 탄생 설화가 있다. 과부가 된 어머니가 연못의 용과 통하여 서동을 낳았다고 전해진다.

■ 기루왕

『삼국사기』에는 백제 기루왕 때 두 마리 용이 한강에 나타났다는 기록이 있다.

■ 백마강

『삼국유사』에 따르면 부여 부소산 아래 백마강에 백제를 지키고 있는 용이 살았다고 한다.『신증동국여지승람』에는 백마강 아래에 한 괴석에 용이 발톱으로 할퀸 흔적이 있다는 기록이 있다.

■ 고구려 ■ 광개토왕

고구려 광개토대왕릉비에는 왕이 죽어서 '용의 머리를 디디고 서서 하늘로 올라갔다'고 되어있다.

■ 신라 ■ 여성 탄생 신화

우리나라에도 여성 탄생 신화가 있다. 박혁거세와 함께 신라를 세운 '알영'이 그 주인공이다. 알영은 '알영정'이라는 우물에 사는 용의 오른쪽 옆구리에서 태어났다고 전해진다. 마치 마야부인의 오른쪽 옆구리에서 태어난 석가모니를 떠오르게 한다.

알영 신화는 불교를 공인한 신라 법흥왕 이후, 선덕여왕[혹은 아버지 진평왕] 때 만들어진 것으로 보인다. 이 시기 지어진 경주 첨성대의 모양이 알영 신화 내용과 흡사한 것을 발견할 수 있다. 선덕여왕은 알영 신화의 내용을 형상화한 우물 모양의 첨성대를 만듦으로써 여왕 통치의 정당성을 드러내고자 했다.

승(承)

연꽃

용이 뿜어낸 향로의 연꽃은 8잎씩, 3단으로 겹쳐져 있다.

연꽃은 진흙 속에서 피는 꽃이다. 태양이 뜨고 질 때마다 피고 진다. 여러 유물과 유적에서 연꽃이 피어나는 '연화생(蓮化生)' 모티브가 드러난다. 고구려 고분벽화에는 연꽃 속에 두 남녀가 그려져 있는데, 다시 태어나도 부부가 되고 싶은 염원이 담겨있다. 백제 무령왕릉의 장식, 무령왕비의 베개, 대통사터에서 발견된 석조에서도 연꽃무늬를 찾아볼 수 있다.

용이 받치고 있는 연꽃의 세계에는 과연 어떤 풍경이 펼쳐져 있을까.

2 긴꼬리 신수 1²단

세모꼴 얼굴 모양에 다리에는 날개처럼 긴 털이 달렸다. 몸을 한쪽으로 틀어 웅크리고 있다. 두 발 사이로 긴 꼬리를 늘어뜨렸다. 족제빗과인 수달과 흡사한 외양의 신수다.

■ 수달의 뼈 ■ 혜통

『삼국유사』에는 이런 이야기가 있다. 어느 날 어떤 이가 동쪽 시냇가에서 놀다가 수달 한 마리를 잡아서 죽이고 뼈를 동산 안에 버렸다. 그런데 이튿날 아침, 뼈가 사라졌다. 핏자국을 따라 찾아가니 뼈가 원래 살던 굴로 돌아가 새끼 다섯을 품고 웅크리고 있었다. 이 광경을 보고 크게 놀라 참회하여 속세를 버리고 출가했고, 이름을 혜통으로 바꾸었다. 혜통은 신라의 초기 밀교(密敎)를 발전시킨 고승이다.

3 외뿔 신수 1²단

양쪽 귀 사이에 외뿔이 났다. 몸은 동그랗게 꼬아 자기 꼬리를
물었고, 다리 하나는 바닥을 눌러 짚고 있다. 꼬리가
두 개인데, 하나는 인어 꼬리 같이 양쪽이 갈라졌고, 다른
하나는 꼬리 끝이 동그랗게 말려있다.

■ 뿔 달린 물살이 ■ 외뿔고래

『삼국사기』에 따르면 신라 실성이사금 15년(416) 3월,
동해 바닷가에서 큰 물살이가 잡혔는데 모양이 이상했다.
머리에는 뿔이 났고, 크기가 수레에 가득 찰 정도로 컸다.
물에 사는 뿔 달린 커다란 동물이 실제로도 있다. 바로
외뿔고래(일각고래)다. 혹시 신라 때, 북극에 사는
외뿔고래가 동해까지 넘어와 발견된 것은 아닐까.

* 흔히 물고기라고 표기하는 생물들을 이 책에서는 물살이라고 표현하였다.

4 악어 ²단

세로로 길쭉한 얼굴에 입이 앞으로 튀어나왔다. 단단한 몸통에는 네 발이 달렸다. 울퉁불퉁한 골격이 몸 선을 따라 이어져 있고, 꼬리는 길게 늘어뜨렸다. 물속에 있는 먹이를 낚아챘는지 주둥이 끝에 무언가 물고 있다.

■ 악어 화석   ■ 하동수쿠스

우리나라에도 악어가 살았다. 경상남도 하동군의 무인도 장구섬은 화석 산지로 천연기념물로 지정되었다. 공룡, 거북 등 중생대 백악기 시대의 화석이 남아있다. 이곳에서 원시 악어의 두개골 화석이 거의 완전한 형태로 발견되었다. 어디서도 보이지 않았던 새로운 형태였다. 하동군에서 발견되어 '하동수쿠스'라고 이름 붙였다. 사천시에서도 악어의 흔적이 발견되었는데, 이족보행을 하던 원시 악어의 발자국 화석이었다.

5 긴꼬리 신수 2 ²단

머리는 뱀처럼 미끈하고 눈매는 뾰족하게 올라갔다. 등에는 파충류처럼 울퉁불퉁한 모양이 났다. 흔치 않게 두 마리가 한 잎 안에 동시에 등장한다. 한 마리가 앞발로 다른 신수의 꼬리를 잡고 입으로 물었다. 꼬리를 잡힌 신수가 다급하게 고개를 뒤로 꺾었는데 서로 눈이 마주쳤다. 둘은 싸우고 있는 걸까, 장난을 치고 있는 중인 걸까.

■ 쌍어 ■ 물살이

물살이는 무리 지어 바다를 자유롭게 유영한다. 자연 그대로의 즐거움을 의미하는 물살이는 민화와 도자기, 장신구 등에서 쌍어로 자주 나타난다. 다산, 부부 화합, 부귀 등 길상적 의미가 있다. 도교의 무위자연, 유교의 군자의 도리, 불교의 열반의 경지와도 통한다.

6 신수에 올라탄 인물 ²단

네 발 달린 신수 위로 고관(高冠)을 쓴 인물이 올라타 있다.
신수는 네 발을 활짝 펼쳤고, 펄쩍 뛰어오르는 중이다.
인물도 신수처럼 팔을 뻗었는데 둘이 한 몸처럼 어우러져
있는 모습이다. 둘 다 고개를 돌려 뒤쪽을 바라보고 있다.
연꽃 몸체에는 두 명의 인물이 등장하는데, 모두 높은 관을
쓰고 날렵한 자세를 취하고 있다.

■ 고관대면

고관대면(高冠大面)은 '높은 관을 쓴 얼굴이 큰 괴물'이란
뜻으로 『용재총화』에 등장한다. 『용재총화』는 성종 때
예조판서를 지낸 성현이 쓴 책이다. 조선 전기의 인물, 풍속,
지리, 역사, 문물, 제도, 음악, 문학, 설화 등을 기록했다.
'고관대면'은 제3권에 나온다. 귀신을 잘 본다는 외조부
안종약이 어느 날 이웃 고을 관리들과 술자리를 하고 있었다.
갑자기 사냥개가 정원에 있는 큰 나무를 보고 계속 짖어댔다.
그곳에는 높은 관을 쓴 얼굴이 큰 괴물이 나무에 기대어
서 있었다. 안 공이 뚫어지게 바라보니 그 괴물이 점차
사라졌다고 한다.

7 외뿔 신수 2 ²단

긴꼬리를 이용해 몸을 둥그렇게 말고 있다. 앞발은 꼬리 쪽으로 뻗었다. 눈을 동그랗게 떴다. 머리에 뿔이 하나 달려 있고 귀가 작다.

■ 뿔 ■ 해치

해치(獬豸)는 선과 악을 구분하는 정의로운 신수로, 해태라고도 한다. 머리 가운데에 뿔이 달려 있어, 바르지 못한 사람을 뿔로 받는다고 한다. 조선시대 기본 법전 『경국대전』에는 사헌부 대사헌의 관에 해치를 붙인다고 나와 있다. 사헌부는 감찰 행정을 담당하던 관청이다.

경복궁 광화문 앞에 있는 해치 조각상은 뿔이 드러나있지 않고, 숨겨져 있다. 화재나 재앙을 물리친다고 하여 궁궐 건축물로 많이 쓰였다는 속설이 있다.

8 세 날개 신수 ²단

어깨 뒤쪽에 넓은 날개가 갈기처럼 펼쳐져 있고, 꼬리에도
날개가 달렸다. 다른 동물들에 비해 표정이 유독 선명하다.
입을 활짝 벌린 채 환하게 웃고 있다. 앞발을 들고 일어난
모습이 누군가를 반기는 듯하다. 뒷발의 발가락에 힘을 주어
바닥을 지탱하고 있다.

■ 고구려 덕흥리 벽화고분

덕흥리 벽화고분은 408년 광개토왕 때 만들어진 고구려
지방관 진(鎭)의 무덤이다. 북한 평안남도 강서군에 있다.
인물화와 풍속화가 풍부히 담겨있을 뿐만 아니라, 600여 자에
달하는 묵으로 쓴 글씨가 뚜렷하게 남아있다. 천장에는 천상
세계가 펼쳐져 있다. 날개 달린 말(천마), 인면조신, 견우와
직녀, 날개 달린 물살이 등 많은 신수가 그려져 있다.

9 몸을 낮춘 새 ²단

짧은 목을 앞으로 길게 빼고, 몸을 잔뜩 아래로 낮추었다. 다리는 짧고, 발에 물갈퀴가 있어 헤엄칠 수 있는 물새로 추정된다. 모습은 오리와 흡사하다. 호기심에 가득 찬 것인지, 무언가를 보면서 무서움을 느끼고 긴장하고 있는 것인지 눈을 크게 떴다. 새가 보고 있는 쪽에는 활짝 웃는 신수가 앞다리를 든 채 서 있다.

■ 오리 ■ 압유사

압유사(鴨遊寺)는 신라의 절로『삼국유사』에 짧게 언급되어 있다. 울산 울주군 언양에 있었는데, '오리가 노니는 절'이라는 뜻이다. 근처 양산에 있는 통도사라는 큰 절에서 부처님의 옷, 자장율사가 바친 도구, 태화지의 용이 바친 압침(나무오리 베개)을 보관하고 있었는데, 어느 날 압침이 사라졌다. 찾아보니 나무 베개였던 오리가 어딘가에서 노닐고 있었다. 그곳에 절을 짓고, 이름을 '압유사'라고 지었다.

10 뛰는 새 ³단

머리 위 벼슬과 발의 모양은 닭과 비슷한데, 부리 생김새가 오리처럼 보인다. 두 다리를 앞뒤로 찢어 어딘가로 급하게 달려가고 있는 모습이다. 표정을 보아하니, 뒤에 오는 누군가한테 쫓기고 있는 듯 보인다.

■ 닭, 오리 모양 토기

닭, 오리 모양 토기는 고구려, 백제, 신라, 가야 무덤에서 제사 유물로 자주 출토된다. 옛 사람들은 닭과 오리를 죽은 자의 영혼을 천상으로 인도하는 동물로 생각했다. 물을 건너 세계를 오가는 영혼 전달자로 여겨져, 망자의 혼을 하늘로 보낸다고 믿었다. 공주 수촌리에서도 닭머리 모양을 한 청자가 발견되었다.

🔟 날개 달린 신수 ³단

고개를 위로 치켜들었고, 마치 나는 듯한 자세로 뛰어오르고 있다. 다리를 수평으로 쭉 뻗은 모습이 힘차고 발랄하다. 뒤통수에는 앞으로 휜 특이한 모양의 외뿔이 있다. 큰 날개가 양쪽에 달려 있으며, 날개 밑으로 풍성한 털이 바람에 펄럭인다.

■ 기린

기린(麒麟)은 용, 봉황과 함께 동양에서 신성한 동물로 자주 언급된다. 기린은 용의 머리에 뿔이 달려있고, 사슴이나 말의 몸에 날개가 달린 모습으로 묘사된다. 현대에 우리가 알고 있는 목이 긴 기린과는 전혀 생김새가 다르며, 오히려 유니콘과 비슷하다.

■ 천마도

경주 무덤에서 신라 유일의 회화 자료 <천마도(天馬圖)>가 발견되었다. <천마도>의 발견으로 이 무덤은 천마총(天馬塚) 으로 불리게 되었다. 그런데 그림을 적외선 촬영해보니 동물의 정수리 부분에 뿔 모양이 있어, 천마가 아니라 기린이라는 주장이 제기되기도 했다.

12 고개를 돌린 새 ³단

눈이 크고 부리가 짧다. 몸 뒤쪽으로 다리가 나란히 보인다.
날다가 방향을 바꾸려는지, 고개를 오른쪽으로 꺾었다.

■ 안압지 ■ 동궁과 월지

경주 첨성대 동쪽에는 '안압지'라고 불렸던 큰 연못이 있다.
『삼국사기』에 따르면, 신라 문무왕 14년(674) 궁궐 안에 큰
연못을 파고, 산을 만들어 화초를 심고, 진기한 새와 기이한
짐승을 길렀다고 한다. '안압지'라는 명칭은 조선시대
『신증동국여지승람』에 등장한다.

신라 멸망 후 폐허가 된 자리에 기러기와 오리들만이 가득해
기러기 안(雁), 오리 압(鴨)자를 써 '안압지'라 불린 것으로
보인다. 그러나 여러 기록과 출토된 유물을 통해 해당 지역이
'월지(月池)'였던 것이 밝혀지면서, 2011년부터 명칭이
'동궁과 월지'로 변경되었다.

🔞 황새 1³⁽단⁾

머리와 목, 몸, 꼬리로 이어지는 선이 얄쌍하고 곧다.
특징적인 모습을 보았을 때 황새로 추정된다. 두 다리를 곧게
펴고 유유히 날아가는 중이다. 황새는 물가에 사는 동물로,
향로의 연꽃 부분에만 분포하고 있다.

■ 황새바위

황새바위는 충청남도 공주시 공산성 근처에 있다. 황새가
많이 날아들어 이름을 황새바위라고 붙였다는데, 현재 이곳은
천주교 성지가 되었다. 신자들이 박해를 받고 사형될 때 목에
썼던 항쇄(項鎖)에서 바위 이름이 유래했다는 설도 있다.

14 무술 하는 인물 ³단

무술을 하는 듯 자세를 취하고 있다. 오른쪽 다리를 접고, 오른손을 무릎 위에 얹었다. 왼쪽 다리와 팔은 반대쪽으로 멀리 뻗었다. 시선은 왼쪽 손끝을 향하고 있다. 얼굴과 귀가 크고, 코가 높다. 민머리 위로 높은 관을 썼다. 손목이 드러나는 소매가 짧고 헐렁한 옷을 입었다. 향로의 연꽃 부분에는 두 명의 인물이 등장하는데, 둘 다 머리에 높은 관을 썼다.

■ 수박희

고구려 고분벽화인 무용총과 안악 3호분에는 전통 무술 수박희(手搏戱)를 하는 인물이 나온다. 고분벽화 속 인물은 맨몸에 매우 짧은 반바지만 입고 있다. 수박희는 두 사람이 일정한 거리를 두고 마주 서서 손으로 힘과 기술을 겨루는 놀이로, 택견, 권투 등과 비슷하다. 고려시대와 조선시대에 무예를 연마하는 수단으로 꾸준히 활용되었다.

15 물살이를 삼키는 동물 ³단

몸이 작고 날렵하다. 다른 동물이나 인물과 달리 연꽃잎 오른쪽 가장자리에 치우쳐 있다. 갓 잡은 물살이를 삼키느라 그 반동으로 살짝 뒷걸음질 쳐진 모습이다. 정확히 어떤 동물인지 알 수 없으나 수달과 비슷한 형상이다.

■ 수달 ■ 능창

압해현 도적의 우두머리 능창은 수전(水戰)을 잘하여 수달이라 불렸다. 왕건은 여러 장수를 이끌고 능창과 도적 떼를 잡고자 했다. 팽팽한 승부 끝에 능창을 잡아 후고려의 왕 궁예에게 보냈다. 궁예는 크게 기뻐했고, 능창의 얼굴에 침을 뱉으며 이렇게 말했다. "해적이 모두 너를 받들어 영웅이라고 하였지만, 이제 포로가 되었으니 어찌 나의 신묘한 계책 때문이 아니겠는가?"라 하고 사람들이 보는 데서 목을 베었다.

16 작은 새 ^{3단}

향로에서 가장 작은 동물이다. 바람에 몸을 맡긴 채, 가볍게 훌훌 날고 있다.

■ 연꽃과 물새

삼국시대 불교가 유입되면서 연꽃무늬는 우리나라 유물에서 흔하게 사용되었다. 유교에서도 연꽃은 이상적인 군자의 모습을 상징한다. 옛사람들은 연꽃무늬와 물새를 종종 함께 그렸는데, 여성들의 물건에는 생명의 창조라는 의미를, 선비들의 물건에는 과거 급제를 바라는 마음을 담았다.

🔟 날개 달린 물살이 ³단

몸이 반달 모양으로 휘어졌고, 시선은 위를 향했다.
꼬리와 몸을 튕기며 힘차게 헤엄치고 있는 것처럼 보인다.
지느러미가 몸 아래쪽으로 넓게 펼쳐져 있고, 꼬리는 몸의
절반 크기로 길다. 몸 양옆으로 달린 날개가 위아래로
퍼덕인다.

■ 신선 세계

날개 달린 물살이는 신선 세계에 사는 동물 중의 하나로,
죽은 자를 수호하여 내세로 보낸다고 믿었다. 고구려
덕흥리 고분과 안악 1호분 등에서도 나타난다.『산해경』에는
'문요어'가 등장하는데, 물살이 몸에 새의 날개가 달렸다고
한다.

■ 비어

우리가 익히 알고 있는 어류인 날치는 비어(飛魚)라고도
부른다. 날 비(飛), 물고기 어(魚). 날개 달린 물살이라는
뜻이다. 날치는 가슴지느러미를 날개처럼 펼치고 공중으로
수십 미터 활주한다. 정약전이 지은『자산어보』에도 등장한다.
실존하는 날치를 보고 신수를 상상해낸 듯하다.

18 황새 2 ⁴단

두 다리로 연꽃잎 끝을 지렛대 삼아 날아오르고 있는 듯하다.
날개를 펼치고 목은 길게 빼고 있다.

■ 김유신과 소정방

신라군과 당군이 합세해 강가에 군사를 주둔하던 중, 홀연히
새 한 마리가 소정방의 진영 위를 빙빙 날아다녔다. 사람을
시켜 그 뜻을 물으니 신상에 해를 입게 될 것이라 풀이했다.
이 말을 들은 소정방이 싸움을 그만두려 하자, 김유신이
"어찌 날아다니는 새의 괴이함으로 인하여 천시(天時)를
어길 수 있으리오"라 하며 신검을 뽑아 그 새를 겨누었다.
그러자 그 기운만으로도 새가 하늘에서 떨어졌다. 이후
소정방은 백제군과 싸워 크게 승리했다.

19 황새 3 ⁴단

어떤 소리가 들렸는지 고개를 돌려 뒤를 보고 있다. 연잎 사이를 건너고 있는 모습이다. 앞발의 발등을 연꽃잎에 대어 균형을 잡고 있다.

■ 학과 황새

학(우리말로 '두루미')과 황새는 생김새가 서로 비슷하여, 민화나 옛 그림에서 둘을 구분하기 어렵다. 비슷한 생김새 때문에 만들어진 속담도 있다. '학이 곡곡하고 우니 황새도 곡곡하고 운다'는 남이 하는 대로 무턱대고 따라 하는 모습을 뜻한다.

■ 운학문

학은 신선이 타고 다니는 새로, 천년을 장수하는 영물로 여겨졌다. 고려청자를 만들 때 구름과 학이 어우러져 있는 운학문(雲鶴紋) 무늬를 자주 사용하였다. 운학은 선비의 기상을 뜻하여, 조선시대 문관 의복의 자수 장식으로도 사용되었다.

20 황새 4 ⁴단

다리와 목이 길고, 부리는 뾰족하다. 한쪽 다리를 들어 연꽃잎 끝에 올리고 있다. 황새에게 연잎의 언덕이 조금 가파른 듯 보인다. 그럼에도 꼿꼿한 자세는 잃지 않는다.

■ 연산군

연산군은 누군가 자신을 해칠까 항상 두려워했다. 하루는 저녁때 말을 몰아 환궁하던 중, 밭두둑에서 누군가 움직이고 있는 것을 보았다. 이를 사람이라 의심하고 놀라 살펴보니 황새였다. 이때부터 연산군은 황새를 매우 싫어하게 되어, 명을 내린다. "황새를 잡아, 남은 종자가 없도록 하게 하라." 이 일화는 『연산군일기』에 기록되어 있다.

21 물살이 ⁴단

몸을 팔딱이는 중인지 머리와 꼬리가 위를 향해 휘었다. 지느러미는 몸에 딱 붙어있다. 크기에 비해 몸통과 머리가 매우 크다. 날개 달린 물살이와 비슷한 동작을 하고 있지만 날개가 없다. 근처에 있는 새들에게 잡아먹히지 않기 위해 잔뜩 긴장한 채 경계하고 있는 듯하다.

■ 자산어보

『자산어보』는 정약용의 형 정약전이 흑산도에서 유배 생활을 하면서 만든 해양생물도감이다. 자산(玆山)은 유배지인 흑산(黑山)의 다른 말로, 『자산어보』에는 흑산도 근해의 해양생물 총 55류 226종이 담겨있다. 정약전은 어류를 칭하는 이름이 사람마다 제각각 달라 책을 만들게 되었다고 서문에 밝혔다. 어류의 이름, 크기, 형태뿐 아니라 잡는 방법과 맛, 의학적 효용까지도 기술하였다.

---

* 같은 연꽃 4단에 생김새와 자세가 똑같은 물살이가 한 마리 더 등장하는데 본 책에서는 중복이라 추가하여 설명하지 않았다.

22 황새 5 ^{4단}

새가 고개를 꺾고서 물살이를 통째로 삼키는 중이다.
물살이는 얼굴이 먹힌 상태로 지느러미와 꼬리만 남았다.
방금 사냥에 성공한 모양이다. 먹이를 삼키는 데 집중하느라
한쪽 날개를 힘주어 펼치고 있다.

■ 어부지리

어부지리(漁夫之利)는 둘이 맞붙어 엉뚱하게 제 3자가 덕을
본다는 뜻의 고사성어다. 입을 열고 있는 조개를 본 황새가
조개 속으로 입을 집어넣자, 조개가 입을 꽉 다물었다.
이 광경을 본 어부가 새와 조개를 한꺼번에 잡아 이익을
보았다는 이야기에서 비롯되었다.

『삼국유사』에서 견훤이 태조 왕건에게 보낸 서신에는 이런
이야기가 있다. "토끼와 사냥개가 다 함께 지치고 보면
마침내는 반드시 남의 조롱을 받는 법이요, 조개와 황새가
서로 버티다가는 역시 남의 웃음거리가 되는 것이다. 마땅히
미혹함을 경계하여 후회하는 일을 스스로 불러오지
말도록 하라."

23 한 쌍의 새 4단

두 마리의 새가 함께 있다. 날개깃이 자세히 묘사되어, 화려한 깃을 지닌 원앙을 상상하게 된다. 날개를 접은 채 목을 앞으로 쭉 빼는 모습이 물에서 헤엄치고 있는 것처럼 보인다.

■ 원앙   ■ 원앙곡

원앙은 항상 두 마리가 한 쌍으로 다녀 금슬 좋은 부부를 상징한다. 수컷은 색이 매우 다양하고 화려하며, 암컷은 회갈색으로 수컷에 비해 색이 단순한 편이다. 우리나라에서 쉽게 볼 수 있는 조류인데, 삼국시대에도 있었다. 통일 신라 음악가 옥보고가 만든 30곡의 거문고 곡조 중에 <원앙곡>이 있다.

24 황새 6 ⁴단

두 다리를 양 연꽃잎에 디디고 중심을 잡고 서 있다. 무언가를 유심히 지켜 보고 있다. 뒤에는 물살이가 새겨져 있는데, 먹지 못한 먹이에 미련이 남은 것 같아 보인다.

■ 황새 싸움

황새는 조용하고 경계심이 강한 동물로, 습지대에서 물살이와 작은 동물들을 먹는다. 『인조실록』에는 전라도에서 황새가 남북 두 부대로 나뉘어 한참 동안 서로 싸웠는데, 남쪽이 이기지 못했다고 보고했다는 기록이 있다. 황새들의 싸움이 전해져 기록에도 남을 정도면 그 싸움판이 꽤 장관이었던 모양이다.

전(轉)

산과 5악사

연꽃에서 산이 솟아났다. 산에는 신선들이 산다.

『삼국사기』에 따르면 백제 무왕이 만든 인공 연못 궁남지는 '방장선산'을 본떴다고 한다. 방장산은 도교에서 말하는 신선 세계, 삼신산(三神山) 중 하나다. 『삼국유사』에는 부여에 있는 신선들이 사는 세 곳의 산을 기록했는데 일산(日山), 오산(吳山), 부산(浮山)이다. 백제가 전성하던 때 각각의 산마다 신인(神人)이 살았는데, 날아서 아침 저녁으로 서로 왕래했다.

향로의 74개 봉우리에는 온갖 동물들과 인물들이 어우러져 있다. 산꼭대기에는 다섯 마리의 기러기와 다섯 명의 악사가 자리했다. 5악사의 연주를 듣고 저 멀리서 봉황이 날아와 앉았다.

25 코끼리를 탄 인물 ¹⁽단⁾

커다란 봇짐을 진 인물이 코끼리 등에 편안하게 올라타 있다.
코끼리와 봇짐의 크기에 비해 인물의 체구는 자그마하다.
코끼리의 이목구비가 뚜렷하게 보이진 않으나, 눈으로
추정되는 부분이 반달로 휘어져 있어, 미소를 짓고 있는
듯하다.

■ 보현보살 ■ 흰 코끼리

코끼리는 백제에 실존하지 않았던 동물이다. 불교를 대표하는
식물이 연꽃이라면, 동물은 코끼리라고 할 수 있을 정도로
불교에서는 코끼리를 신성시했다. 부처님을 오른쪽에서
모시는 보현보살은 흰 코끼리를 타고 다닌다. 흰 코끼리는
석가모니의 생애 여덟 장면을 담은 <팔상도>에도 등장한다.
첫 번째 장면 '도솔래의상(兜率來儀相)'은 석가모니의 태몽을
표현한 그림이다. 낮잠을 자던 마야부인의 옆구리로
흰 코끼리가 들어가는 모습이 그려져 있다.

불교에서 귀한 일곱 가지 보물이라 불리는 칠보(七寶) 중
하나를 상보(象寶)라고 하는데 '상(象)'은 코끼리를 뜻한다.

26 인면수신 1단

사람 얼굴을 했지만 네 발로 걷는다. 향로에서 사람 얼굴에
동물 몸을 한 인면수신은 이 동물이 유일하다. 머리 갈기가
위로 길게 솟았는데, 멋스럽게 쓸어올린 모양새다.
그에 비해 꼬리는 무척 짧다. 온화한 표정으로 느긋하게
산길을 거닐고 있다.

■ 산해경

인면수신은 우리나라보다 중국과 서양의 신화에서 더 흔하게
찾아볼 수 있다. 고대 중국의 산과 산에 사는 괴수, 조류
등을 정리한 중국의 지리서 『산해경』에는 '마복(馬腹)'과
'사비시(奢比尸)'라는 괴수가 등장한다. '마복'은 사람 얼굴에
호랑이의 몸을 한 괴수로, 갈기가 위로 솟은 모습이 향로의
신수와 닮았다. '사비시'는 사람 얼굴에 네 발이 달린 괴수로
큰 귓속에는 두 마리의 뱀이 산다.

대개 타국 신화 속 인면수신들은 절대적이고 강한 분위기를
풍기고 있으나, 향로 속 인면수신은 화평한 표정을 지은 채
그저 산길을 거닐고 있는 모습이라 괴수보다는 신선에
가까워 보인다.

27 긴부리새 ¹단

코끼리 코보다 더 긴 부리를 가졌다. 단단한 부리는 길이가 땅에 닿을 만큼 길며, 끝이 살짝 말려 올라가 있다.

■ 옥담 이응희

조선 중기 시인 옥담 이응희는 도합 47종의 새에 대한 시를 52편이나 썼다. 새에 대해 이렇게 많은 시를 지은 시인은 없었다고 한다. 옥담은 평생 수리산 아래 살면서 향촌에서 보고 듣고 느낀 것을 적었는데, 17세기 풍속화를 보는 듯하다는 평을 받고 있다.

옥담의 시 <여러 새를 읊조린 21수>에는 봉황, 난조, 공작, 앵무, 비취, 백학, 청조, 창응, 보조, 야적, 자고, 창경, 전순, 초료, 치연, 효오, 희작, 연연, 황작, 검금 등 21종의 새를 두고 지은 오언절구가 연작으로 실려 있다. <물새를 읊조린 13수>도 지었는데 전설에 등장하는 대붕과 정위, 홍안(기러기), 노관(황새), 백구(흰 갈매기), 청구(푸른 갈매기), 백로(왜가리), 부압(오리), 노자(가마우지), 원앙, 비목(집오리), 다곽(따오기)을 오언절구로 하여 새의 특성을 설명했다.

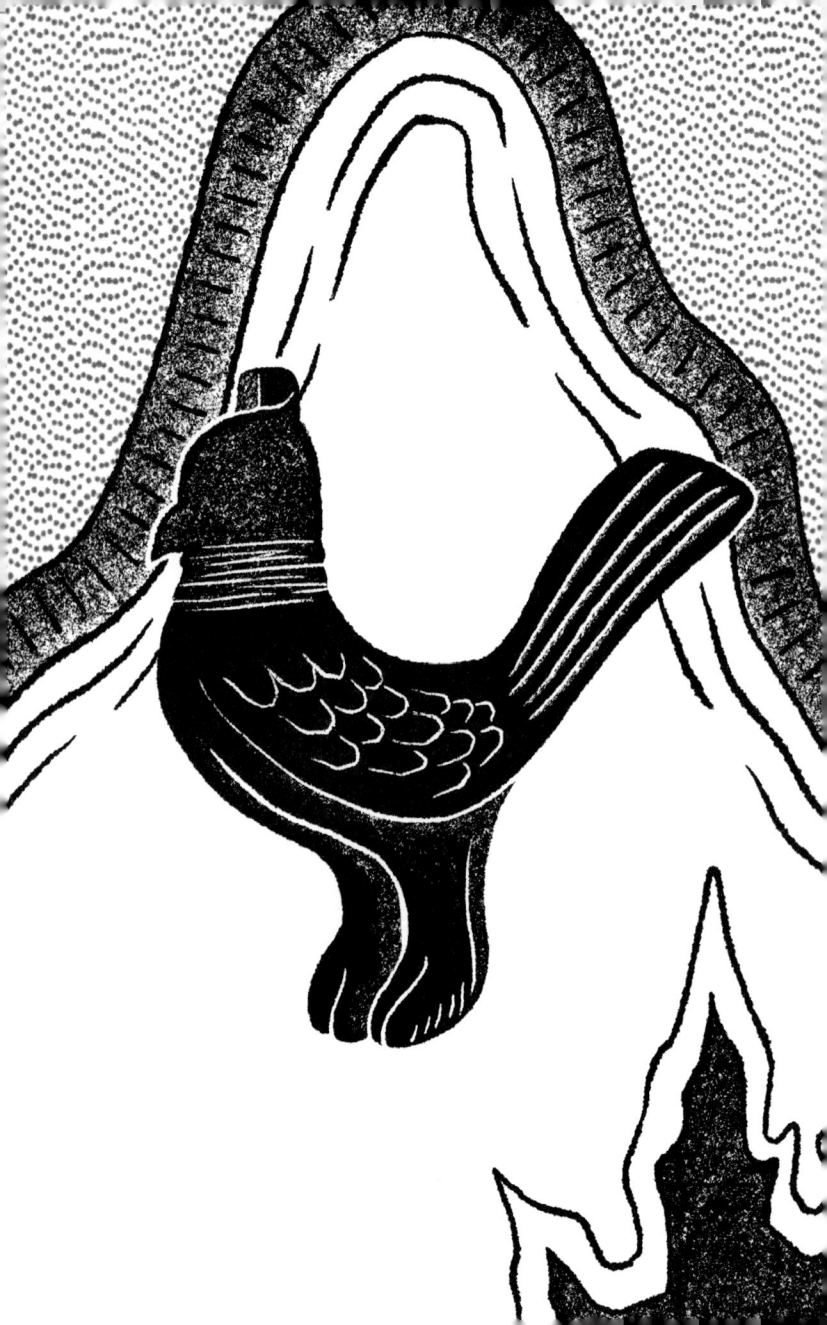

28 인면조신 1¹단

얼굴 부분이 풍화되어 새의 얼굴인지, 사람의 얼굴인지 구분되지 않으나 전체적인 모습으로 보아 인면조신으로 추정된다. 꼬리는 길고 넓으며, 힘차게 위로 솟았다. 반면 다리는 짧고 굵은데, 포유동물의 발처럼 생겼다. 향로의 다른 부분에서 더 선명하고 화려한 모양의 인면조신을 찾아볼 수 있다.

■ 포박자 ■ 천세와 만세

갈홍이 쓴 『포박자』에서 인면조는 긍정적으로 소개된다. 『포박자』는 4세기경 쓰여진 중국의 신선방약과 불로장수 비법이 담긴 도교 서적이다. 신선 '포박자'가 말하길, "천세(千歲)는 새이고 만세(萬歲)는 날짐승인데, 모두 사람 얼굴에 새의 몸을 지니고 있으며 수명은 그 이름과 같다"고 했다. 천세와 만세는 모두 인면조로, 무병장수를 상징한다. 고구려 덕흥리 고분에 그려진 천추(千秋)와 만세(萬歲)라는 인면조도 어쩌면 이 책에서 영향을 받았을 수 있겠다. 뒤에 등장할 '인면조신 2 (107쪽)' 부분에서 우리나라의 인면조신을 이어 소개하겠다.

㉙ 우의 입은 인물 ¹ᵈ

짚으로 엮은 우의를 둘러 입었다. 긴 도포가 바람에 휘날리고 있는데, 비바람이 불고 있는 걸까 상상해본다.

■ 도롱이

도롱이는 비가 올 때 어깨에 둘러메던 물건으로, 우의 역할을 했다. 주로 짚이나 띠 같은 풀로 촘촘하게 엮어 만들었다. 빗물이 들이치지 않고 땅으로 흘러내리도록 해 옷 속으로 스며들지 않았다. 특히 띠풀로 만든 도롱이는 짚으로 만든 것보다 튼튼하게 물을 막아줘서 체온을 유지하는 역할을 했다.

30 지팡이를 든 인물 1과 두 마리의 새 ^{1단}

울퉁불퉁한 바위 위, 지팡이를 휘두르는 인물이 한 쪽 무릎을 세우고 앉아있다. 지팡이는 끝이 갈고리처럼 휘었으며 손잡이가 둥글어 낚시대로 보이기도 한다. 뻗은 팔의 옷소매는 바닥에 닿을 정도로 품이 크고 길다. 바위 아래로는 계곡물이 시원하게 흐르고, 머리 위로 새 두 마리가 날아올랐다.

■ 윤선도 ■ 어부사시사 ■ 보길도 부용동

고산 윤선도는 정철과 함께 조선시대 최고의 시가를 쓴 작가로 꼽힌다. 대표작인 <어부사시사>는 완도 보길도에 머물며 그 경치를 노래한 작품이다. 아름다운 자연을 춘하추동에 따라 각 10수씩 40수로 묘사했다. '지국총 지국총 어사와'라는 후렴구로도 유명하다. 시 속 화자는 '가어옹(假漁翁)'이다. 가짜 어부라는 뜻으로 속세를 떠나 신선처럼 자연에 머물면서 시를 읊고 술잔을 기울이며 낚시를 하는 사람을 말한다.

남인이었던 윤선도는 붕당정치가 극심했던 시기에 수없이 많은 유배를 갔고 은둔 생활을 했다. 불행 중 다행인지 자연에 머물며 글을 많이 남길 수 있었는데, 주로 신선처럼 지내고 싶은 마음을 담았다. 완도 보길도의 부용동, 해남 금쇄동 등에 아름다운 정원을 만들었다.

31 호랑이 1¹단

향로에는 총 세 마리의 호랑이가 있는데, 덩치가 대체로 얄쌍한 편이다. 이 호랑이는 세 마리중에서도 유독 덩치가 작아 새끼 호랑이처럼 보이기도 한다. 동그랗게 큰 눈과 조심스럽게 발을 디디는 모습이 귀엽다.

■ 백호

백호(白虎)는 청룡, 주작, 현무와 더불어 사신(四神) 중 하나로 서쪽을 관장하는 신령으로 여겨졌다. 무용총, 장천 1호분 등 고구려 고분벽화의 백호는 일반적인 호랑이 모습보다는 용의 모습을 하고 있거나, 호랑이의 머리에 용의 몸통을 지닌 모습으로 나타난다. 백호를 용처럼 그린 전통은 고려시대까지 이어진다. 공주 무령왕릉 옆 송산리 6호분 벽화에도 백호가 그려져 있는데 그 기운찬 모습이 신묘한 분위기를 풍긴다.

32 개 1단

덩치가 작은 강아지가 한쪽 발을 들고 살금살금 걸어가고 있다. 무언가 재미있는 광경에 시선을 빼앗긴 듯 큰 눈에는 호기심이 가득하다. 앞발을 내미는 모습이 당장이라도 눈 앞에 펼쳐진 일에 끼고 싶어 하는 눈치다.

■ 영혼인도견

고구려 고분벽화에는 집개, 사냥개, 진묘견, 영혼인도견을 상징하는 개의 그림이 그려져 있다. 개는 영적인 존재로 죽은 주인의 영혼을 지키고, 저승 여행길을 안내하는 역할을 했다.

■ 사출도

고조선 북쪽에 있던 '부여'는 여러 부족들이 연합한 나라였다. 가장 큰 부족이 중앙 지역이 되어, 부여를 네 개로 나눠 관리했다. 이를 사출도(四出道)라고 부른다. 사출도를 다스리는 부족장에게는 말, 소, 개, 돼지 가축의 이름을 붙여, 마가(馬加)·우가(牛加)·구가(狗加)·저가(猪加)라는 관직을 주었다.

33 새끼를 품은 사자 ^{1단}

눈을 잔뜩 치켜뜬 채, 뒤에 있는 호랑이를 보고 으르렁거리고 있다. 두 갈래로 갈라진 꼬리의 존재감이 상당하다. 사자의 다리 사이에는 새끼로 추정되는 작은 사자의 모습이 보인다. 새끼 사자는 어미 사자의 젖을 먹고 있다.

■ 문수보살
불교에서 사자는 문수보살 아래에 웅크리고 있거나, 문수보살의 대좌로 이용된다. 문수보살은 '지혜'를 상징한다. 그래서 가장 지혜로운 동물인 사자와 짝이 되었다고 한다.

■ 장천 1호분 벽화
고구려 벽화고분인 장천 1호분의 예불 그림에는 불상 대좌 아래 사자가 그려져 있다. 꼬리가 둘로 갈라진 것이 향로의 사자 모습과 흡사하다.

■ 사자상 ■ 사자후
사자는 불법을 지키는 수호 동물이라고 할 수 있다. 장항리 절터 5층 쌍탑 1층 몸돌에는 주먹을 힘차게 뻗은 사자상이 새겨져 있다. 『유마경』에는 '부처님 설법의 위엄은 마치 사자가 부르짖는 것과 같으며, 그 해설이 울려 퍼져 청중의 마음을 사로잡았다'는 구절이 있다. 부처님 설법의 위력을 사자의 울부짖음에 빗댄 말로, 여기서 사자후(獅子吼)라는 말이 생겨났다.

34 호랑이 2와 새 1탄

몸체가 작고, 꼬리는 몸보다 길다. 눈을 부리부리하게 뜨고 있으며, 벌린 입 사이로 보이는 송곳니는 뾰족하다. 호랑이 뒤쪽의 나무에는 새가 앉아 있다.

■ 까치 호랑이

단순히 그림의 배경으로 그려지던 까치가 19세기 민화에 와서는 '까치 호랑이'라는 장르가 만들어질 정도로 유행하게 된다. 단순히 호랑이만 주인공이었던 그림에 비해 까치와 호랑이 구도는 대립이나 우호 관계를 상상하게 해 그림에 생동감을 불어넣었다.

35 포수 ¹단

전체적으로 동글동글한 형체에, 얼굴에는 화려한 갈기가 대칭으로 달렸다. 미간 사이에는 산 모양의 뿔이 세 개가 났고, 그 뒤로 하늘을 향해 곧게 세운 마름모꼴 꼬리가 보인다. 봉황의 뒷모습 쪽에 위치했다. 산의 맨 아래에서 날카로운 이빨과 손으로 향로 뚜껑의 테두리 부분을 힘차게 꽉 물고 있다. 향로가 열리지 않도록 단단히 지키고 있는 것일까.

■ 문고리 ■ 악귀 막이

포수는 북쪽에서 들어오는 악귀를 막는 문 지킴이 역할을 했다. 주로 사당이나 무덤 입구의 돌과 저택의 둥근 대문 고리를 물고 있는 모습으로 표현된다. 향로 속 포수는 남쪽을 상징하는 봉황과 정확히 반대 방향을 보고 있어, 향로의 방향을 가늠하게 한다.

포수는 흔히 악귀를 쫓아내는 무서운 모습으로 그려진다. 그러나 백제인들은 부드러운 것이 강한 것을 이긴다고 생각했다. 왕릉을 지키는 흉악한 진묘수를 백제인들은 귀엽게 묘사했는데, 향로 속 포수도 귀여운 인상을 풍긴다.

36 외뿔새 ²단

머리 위에 휘어진 뿔이 달렸다. 앞쪽을 바라보고 있지만, 언뜻 고개를 뒤로 돌린 것처럼 보이기도 해 상상력을 자극한다. 발의 모양은 풍화되어 잘 보이지 않는데, 매끈한 구두를 신은 것처럼 표현해 보았다. 머리끝부터 발끝까지 멋쟁이의 분위기가 물씬 풍긴다.

■ 무령왕릉 진묘수

외뿔은 무령왕릉 진묘수에서도 확인할 수 있다. 1971년 여름, 긴 장마에 대비해 충남 공주 왕릉원(옛 송산리 고분)의 배수로를 만들던 중, 땅을 파다가 원형 그대로의 무령왕릉이 발견됐다. 1452년 만에 잃어버린 왕국이 다시 모습을 드러내던 순간이었다. 수많은 유물을 품은 무령왕릉을 지키고 있던 신수가 있었는데 바로 뿔 달린 작은 석수, 진묘수였다.

37 긴꼬리새 2단

가슴을 펴고 당당히 서 있다. 몸통만한 꼬리는 균형을 잡으려는 듯 하늘을 향해 솟았으며, 부리가 뾰족하다. 외뿔새와 서로 마주 보고 있다.

■ 치미

'치미(鴟尾)'는 건물 용마루 끄트머리 양쪽의 대형 장식 기와로 백제에서 특히 많이 사용했다. 건물의 웅장함과 생동감을 더한다. 새는 하늘과 땅을 오갈 수 있는 동물로, 새의 꼬리를 닮은 치미에 하늘의 소리를 듣고자 하는 염원을 담았다. 현재 남아 있는 가장 오래된 치미는 백제 위덕왕이 세운 왕흥사 터의 것이다. 높이가 1m 이상으로 크며, 연꽃, 구름무늬 등으로 화려하게 장식되었다.

38 인면조 2 ²단

사람 얼굴에 새의 몸통을 지녔다. 머리엔 관을 썼으며, 귀가 커다랗고 길다. 등에는 무언가를 매달고 있으며, 꼬리가 화려하게 펼쳐져 있다.

■ 인면조 ■ 동탁은잔

사람 얼굴에 새의 몸통, 긴 꼬리를 가진 인면조는 삼국시대 미술에 고루 등장했다. 고구려의 덕흥리고분, 삼실총, 무용총 등의 고분벽화에서 인면조를 찾아볼 수 있는데, 천년만년 장생의 의미가 담겨있다.

경주 식리총 출토 금동신발에도 인면조가 있으며, 백제 무령왕릉에서 출토된 동탁은잔에서도 연꽃을 든 인면조를 찾아볼 수 있다. 동탁은잔은 백제금동대향로와 함께 백제인들의 내세관과 사상을 반영한 유물로 꼽힌다.

39 멧돼지 1²단

두 발을 능선에 걸쳐놓았다. 사냥감을 포착하고 기회를
엿보고 있는 걸까. 아니면 강한 상대를 발견하고 몸을 숨기고
있는 것일까.

■ 복돼지

돼지는 재산, 복, 재물신 등을 상징한다. 불국사 극락전의
현판 뒤편에는 복돼지 조각상이 있다.

■ 교체

『삼국사기』에는 왕자 이름을 돼지로 지은 이야기가 있다.
고구려 산상왕 13년(209) 가을, 제사에 쓸 돼지가 달아나서,
주통촌(酒桶村)까지 한참을 쫓았다. 그때 어떤 아름다운
여자가 돼지를 잡아주었다. 이를 기이하게 여긴 왕이 여자를
찾아갔고, 둘 사이에서 사내 아이가 태어났다. 하늘에 제사
지낼 돼지의 일로 시작해 어미를 만났다 하여, 그 아들의
이름을 들 교(郊), 돼지 체(彘) 자를 써 '교체'라 하였다. 후일
이 왕자는 고구려 제11대왕 동천왕이 된다.

40 말 탄 인물 1 ²단

향로에는 말 탄 인물이 두 명 등장한다. 다른 인물과 달리 투구를 썼다. 말도 마구 장식을 잘 갖췄다. 말이 앞발을 들고 뛰어오르고 있다. 가파른 길을 오르고 있는 모양이다. 길 뒤편에는 산맥 사이로 몸을 낮추고 있는 멧돼지가 있는데, 보지 못하고 지나치는 눈치다.

■ 아직기

『일본서기』와 『고사기』에는 백제에서 아직기(阿直岐)로 하여금 일본에 말 두 필을 보내고 사육을 맡게 했다는 기록이 있다. 이는 당시 일본에 좋은 말과 사육 방법을 아는 사람이 없었다는 것을 의미한다.

아직기는 근초고왕~아신왕 때 왕명으로 일본에 건너가 말 기르는 일을 했다. 일본 왕은 그가 경서에 능통한 것을 보고 태자의 스승으로 삼았다. 그는 또한 백제의 박사 왕인을 초빙해 일본에 한학(漢學)을 전하게 했다.

41 화염보주를 든 신수 2단

한 발에 화염보주를 들고 있다. 호기심 넘치는 큰 눈에 상기된 표정이다. 보주를 갖고 장난칠 생각을 하는 걸까, 불길을 보고 신기해하는 걸까. 머리 위쪽으로 풍성한 갈기가 났는데, 깔끔하게 올려 넘겼다. 꼬리가 두 갈래로 갈라졌으며, 끝이 말려있다.

■ 보주

'보주(寶珠)'는 여의주의 다른 말로 보배로운 구슬을 뜻한다. 범어로 '마니(摩尼)' 라고도 한다. 신령스러움과 기묘함을 상징한다. 이 구슬을 갖게 되면 모든 소원을 이룰 수 있다고 한다. 봉황이 지니거나 물고다니기도 한다. 향로의 봉황도 보주를 지니고 있다. 화염보주는 불길 모양이 보주를 에워싼 모습을 말하며, 구슬에 영험한 힘이 담겨있음을 보여준다.

■ 봉보주보살

봉보주보살은 보주를 두 손으로 감싸 쥐고 있는 보살로, 특히 백제에서 많이 발견됐다. 커다란 층암절벽에 조각된 국보 '서산마애삼존불'에서도 이 보살을 볼 수 있다. 삼존불 중 가운데에 있는 여래입상의 오른쪽에서 환한 미소를 띤 채 보주를 쥐고 있다.

42 원숭이 ²단

바위 위에 쪼그려 앉아 있다. 머리의 갈기가 크고 화려하며,
귀는 뾰족하다. 얼굴을 긁는 듯 왼손을 얼굴 가까이 댔다.
오른팔은 다리 사이에 내려두었다.

■ 이차돈 ■ 불교 ■ 원숭이왕

이차돈은 우리나라 최초의 순교자다. 신라가 불교를
받아들이는 데 큰 역할을 했다. 신라 법흥왕 15년(528),
이차돈의 목을 베자 '원숭이들이 떼를 지어 울었다'고 한다.
원숭이는 부처님의 전생으로 여겨진다.『본생경』은 부처님의
전생담을 엮은 책인데, 희생적인 원숭이왕 이야기가 나온다.
인간의 왕이 원숭이들이 먹는 달콤한 과일을 탐내, 8만
원숭이들이 머무는 숲에 쳐들어왔다. 안전한 다른 숲으로
도망치기 위해 원숭이왕은 대나무로 다리를 만들었는데,
길이가 약간 모자랐다. 원숭이왕은 자기 허리를 내주어,
백성원숭이들이 허리를 밟고 건너갈 수 있도록 했다. 이를 본
인간 왕이 감동하여 살생하려는 마음을 뉘우쳤다.

■ 성종

조선의 9대왕 성종은 동물을 매우 좋아했다고 한다. 추운
겨울, 일본으로부터 선물 받은 원숭이가 얼어 죽을까봐
옷을 지어 입히려다 신하의 반발을 샀다. 이 기록은
『조선왕조실록』에 남아있다.

43 약초를 만지는 인물 1²단

바위 위에 서서 허리를 숙이고 길게 자란 약초를 뜯고 있다.
약초가 부드럽게 휘어져 있는 모양이 허리 숙인 인물의
자세와 조화롭게 어우러진다. 풍성한 소매의 옷 주름이
넉넉한 분위기를 더한다.

■ 백제신집방

일본 의서인 『의심방』과 『의략초』에 인용된 『백제신집방』은
백제의 질병 치료와 처방에 관한 내용을 모아 엮은 의서다.
저자와 발간연대는 미상이다. 중국의 처방서를 참조했지만,
독자적으로 백제만의 의방서를 편집하여 의학을 발전시켜
나갔음을 알 수 있다.

■ 지약아식미기 목간

'지약아식미기(支藥兒食米記)'는 향로가 발견된 부여 왕릉원
절터에서 출토된 백제 목간이다. 목간은 글자가 적혀있는
나무 조각을 말한다. '약아(藥兒)'는 약초 캐는 아이로, 백제
고유의 의약 관직이다. 백제의 중앙 관서로 22부가 있는데,
그중 '약부(藥部)'가 있어 의약을 중요시했음을 알 수 있다.
의약 관직에는 치료를 담당한 의박사, 채약사 등도 있는데,
일본에 파견하여 일본의 의약 발전에 영향을 주었다.

44 지팡이를 든 인물 2 ²단

양손으로 지팡이를 모아 쥔 채 가파른 능선에 서 있다.
그 모습이 사뭇 경건해 보인다. 발아래까지 길게 내려오는
도포를 입고 있다.

■ 버드나무

예부터 버드나무로 만든 지팡이를 신령스럽게 여겼다.
버드나무는 단단한 생명력으로 건조한 땅과 습지에서도
뿌리를 잘 내려, '재생'을 상징한다. 망자의 입속에 구슬과
불린 쌀을 떠 넣는 반함(飯舍)을 할 때 버드나무로 만든
숟가락을 썼다. 죽은 이후의 재생을 기약하는 것이다. 4월
청명, 한식에는 나라에서 각 관아에 새불(新火)을 나눠주면,
반드시 버드나무로 불을 피웠다고 한다. 무기처럼 생긴
뾰족한 버들잎이 악귀를 물리친다고 믿었다.
백제 궁남지에도 버드나무를 심었다.

■ 관음보살

버들가지는 관음보살의 주요한 상징물이다.
<관음보살도>에는 보살 옆 정병에 버들가지가 꽂혀 있거나,
손에 버들가지를 쥔 모습이 묘사되어있다. 『청관음경』에는
관음보살이 버들가지와 정수(淨水)를 들고 주문을 외워 병을
물리치고 중생을 구제한다는 내용이 나온다.

45 지팡이를 든 인물 3 ^{2단}

한쪽 손은 지팡이를 들고, 다른 한 손은 뒷짐을 지고 있다.
천천히 여유 있게 산책하고 있는 듯하다. 천으로 된 허리띠를
맸으며, 발과 팔을 덮을 정도의 헐렁하고 긴 도포를 입었다.

■ 지팡이 ■ 작제건

『고려사』 태조 왕건의 할아버지 작제건 설화 속에는
신령스러운 지팡이가 등장한다. 용왕은 명궁이었던
작제건에게 자신을 괴롭히는 여우가 있으니 쏘아 죽여 달라고
했다. 활을 쏘아 여우를 잡은 작제건은 용왕의 딸과 결혼하게
되는데, 그때 신령스러운 버드나무 지팡이와 돼지를
선물 받았다.

■ 궤장

궤장(几杖)은 70세 이상 연로한 대신들에게 하사품으로
내린 지팡이로, 이 지팡이를 받는 것을 큰 영예로 여겼다.
신라시대에는 김유신이 664년에 처음으로 받았으며, 강감찬,
최충, 최충헌 등도 받았다.

46 인면조신 3 ²단

사람 얼굴에 새의 몸을 했다. 다른 인면조신에 비해 얼굴이 몹시 크다. 큰 귀는 축 늘어져 있으며, 높은 관을 썼다. 날개가 크고 화려하며, 다리가 길다.

■ 금동신발 ■ 경주 식리총

금동신발은 다른 나라에서 보기 힘든 삼국시대의 매우 특징적인 유물이다. 일본에서 출토된 몇 안 되는 금동신발도 백제에서 전해졌거나, 백제의 영향을 받은 것이 대부분이다.

백제의 금동신발은 크기가 대체로 30cm가 넘는다. 측면과 바닥면에 용, 봉황, 인면조 등의 신수가 정교하게 새겨져 있어, 마치 향로를 떠올리게 한다. 백제 무령왕릉에서 왕과 왕비의 금동신발이 발굴되었고, 공주, 익산, 고창 등의 백제 고분에서도 출토되었다.

1924년 경주 식리총에서 가장 정교한 금동신발이 발견됐다. 금관보다 화려한 무늬였고 온갖 동물무늬가 가득했다. 향로 속 인면조와 비슷하게 생긴 인면조가 신발 바닥에 새겨져 있다.

47 긴허리 동물 2탄

동그란 얼굴과 눈, 그리고 매끄러운 긴 몸을 가졌다. 유영하듯 허리를 부드럽게 틀었다. 두 앞발은 모아 바닥에 대어 무게를 지탱하고 있다. 수영에 능한 족제비처럼 보이기도, 바닷속을 유영하는 바다사자나 물개처럼 보이기도 한다.

■ 속담 ■ 족제비

족제비는 한반도에서 흔하게 볼 수 있는 동물이다. 그래서인지 족제비를 무시하는 속담이 많다. '족제비도 낯짝이 있다'는 지나치게 염치없는 사람을 나무라는 말이다. '족제비도 한번 놀란 길은 다시 가지 않는다'는 한 번 실수는 두 번 다시 하지 않는다는 뜻이다. 욕심 많고 염치없는 존재로 그려지지만, 그래도 족제비는 너무 귀엽다.

48 개 2²단

꼬리가 짧고 귀는 뒤로 누웠다. 입은 마치 새의 부리처럼 뾰족해 평범한 강아지는 아닌 듯 하나, 향로의 다른 강아지와 표정과 자세가 비슷하다.

■ 화조구자도

조선 초기 화가 이암은 동물 그림을 특히 잘 그렸다. 동물 중에서도 강아지를 즐겨 그리는 것으로 유명했는데, 대표작으로 <화조구자도(花鳥狗子圖)>가 있다. 이 그림에는 꽃나무 아래 한가롭게 자리 잡은 세 마리의 강아지가 등장한다. 향로 속 강아지처럼 커다란 눈으로 무언가를 바라보고 있는 검은 강아지와 편안히 낮잠을 즐기는 강아지, 벌레와 놀고 있는 강아지도 있다. 강아지에 대한 작가의 애정어린 시선을 고스란히 느낄 수 있는 그림이다.

49 멧돼지 2 ²단

날카로운 아래 송곳니를 드러낸 채, 혓바닥을 길게 내밀었다.
잔뜩 성이 난 표정으로 산등성이 뒤로 반쯤 몸을 숨기고 있다.
말 탄 인물의 화살에 조준되어 있으나, 기세에 밀리지 않고
용감하게 반격할 준비를 하는 것 같다.

■ 저돌

앞뒤 재지 않고 덤빈다고 할 때 우리는 '저돌적'이라고
표현한다. '저돌'은 돼지 저(猪), 갑자기 돌(突) 자를 쓴다.

■ 최고운전

신임 현령마다 아내가 실종되는 문창에 최충이 현령으로
부임했다. 최충은 미리 아내의 손에 명주실을 매어 두어,
아내를 납치한 금돼지를 잡을 수 있었다. 그 아내가 아들
최치원을 낳았는데, 최충은 아들이 금돼지 자식이라며
버렸다. 그러나 하늘에서 선녀와 선비가 내려와 어린
최치원을 보호하고, 글을 가르쳤다. 이 이야기는 신라
최치원의 전기적 일생을 담은 조선시대 소설 『최고운전』에
나온다.

50 말 탄 인물 2 ²단

말을 타고 사냥 중이다. 안장 등으로 꾸며진 말이 능선 사이를
힘차게 박차며 달리고 있다. 인물은 신이 난 표정을 한 채
몸을 뒤로 돌려 활시위를 막 당기기 시작했다. 뒷발을 박차고
있는 말도 인물이 바라보고 있는 쪽으로 고개를 돌렸다.
결정적 순간! 화살이 향한 곳에는 멧돼지가 숨어 있다.

■ 무용총 수렵도

말이 달리는 방향과 반대로 몸을 틀어 사냥하는 수렵 자세는
아시아 전역에서 유행했다. 고구려 무용총 수렵도에도
이 자세가 등장한다. 활시위를 귀까지 바짝 당겨 도망가는
사슴 두 마리를 사냥하고 있는 모습이 그려져 있다. 말은
뒤돌아보지 않고 앞을 향해 열심히 내달린다. 덕흥리
고분벽화에는 향로와 비슷하게 고개를 뒤로 돌린 말이
등장한다.

🗿 외수 1³ᴰ

양팔을 휘저으면서 두 발로 뛰는 자세, 반바지를 입은 모습이 인간의 형상과 비슷하다. 그러나 양팔에 달린 큰 갈기, 크고 억센 손, 날카로운 손끝은 짐승의 모습처럼 보인다. 입을 크게 벌린 채 어디론가 달려가는 중이다. 표정과 움직임이 매우 해학적이고 역동적이다.

■ 고구려 벽화고분 ■ 오회분 4호묘

고구려 벽화고분 집안 오회분 4호묘에는 향로 속 외수(畏獸)들과 비슷한 표정, 자세를 한 외수가 등장한다. 인간처럼 직립한 채, 포효하며 내달리고 있다. 갈기와 털을 휘날리면서, 한 손으로 천장을 받치고 있는 모습까지 흡사하다. 벽화에서 외수는 천상 세계를 지탱하고 있는 모습으로 종종 등장한다. 맹금류의 손발톱을 지니고, 반바지를 입고 있다는 점도 비슷하다. 고대인들은 이러한 괴수상을 통칭해 '외수'라 부르며, 팔방의 요사스러운 것을 막아준다고 생각했다. 다만 향로의 외수와 달리 고구려 벽화고분 외수는 매우 사납고 무시무시한 얼굴을 하고 있다.

52 앞발을 든 동물 ³단

봉우리 끝에 한발은 든 채 앉아있다. 머리 뒤쪽에는 털이 갈기처럼 달려있다. 이 동물을 두고 개나 승냥이, 사자, 고양이 등으로 추정한다.

■ 상원사   ■ 고양이 석상   ■ 사자

오대산 상원사에는 세조와 관련된 두 가지 이야기가 있다. 어느 날 세조가 불전에 들어서는데 고양이 두 마리가 달려들어 옷자락을 물고 늘어졌다. 안을 수색했더니 자객이 숨어있었다. 이에 세조는 고마운 마음을 담아 절에 고양이 밭을 시주했다. 세조의 병을 고친 이야기도 있다. 피부병을 고치러 상원사를 찾은 세조 앞에 어린 동자(문수보살)가 나타나 세조의 등을 밀어주었더니 종기가 말끔히 치료되었다.

상원사 문수전 앞 계단 옆에는 두 고양이 석상이 나란히 있다. 그런데 고양이상을 자세히 보면 사자처럼 보이기도 한다. 사자는 불교에서 중요하게 등장한다. 화엄사에는 쌍사자 석탑이 있고, 부처님의 설법을 뜻하는 '사자후'라는 단어도 있다. 사자는 문수보살이 타고 다니는 동물이기도 한데, 이는 세조와 어린 동자(문수보살) 이야기와도 연결된다. 오대산은 신라 때부터 문수보살이 머무는 신성한 산이라 여겨졌다.

어쨌든 사람들은 지금까지 이것을 고양이상이라 부르고 있다. 고양이 같은 자세를 한, 사자 갈기를 가진 향로의 이 동물은 어떤 동물일까.

53 호랑이 3 ³단

산등성이를 오르고 있다. 한껏 치켜뜬 눈과 으르렁대는 듯한 입이 긴장감을 자아낸다.

■ 호랑이의 꼬리 낚시

토끼와 호랑이 설화에는 영리한 토끼에게 당하는 호랑이가 등장한다. 어느 추운 겨울날, 토끼는 호랑이에게 개울물 속에 꼬리를 넣고 기다리면 물살이를 많이 잡을 수 있다고 꼬드긴다. 토끼 말을 들은 호랑이는 개울물 속에 꼬리를 넣고 물살이가 잡히길 기다렸다. 그러나 웬걸. 꼬리가 그대로 얼어붙으며 호랑이는 꼼짝없이 발이 묶이게, 아니 꼬리가 묶이게 된다.

■ 알천 ■ 호랑이 꼬리

『삼국유사』에는 알천이 호랑이로 힘자랑한 이야기가 나온다. 신라 진덕왕 때 알천공, 임종공, 술종공, 호림공, 염장공, 유신공이 남산 우지암에 모여 나랏일을 논의하던 중 큰 호랑이가 뛰어들었다. 그런데 알천공은 조금도 놀라지 않고, 담소를 나누며 태연하게 호랑이 꼬리를 붙잡아 땅에 메쳐 죽였다. 알천의 완력이 이와 같아서 윗자리에 앉았으나 모든 공들은 김유신의 위엄에 복종했다.

54 사슴 ³단

꼿꼿하게 고개를 세우고 큰 눈으로 정면을 응시한 채, 고고하게 산등성이를 넘어가고 있다. 앞발 하나를 힘차게 내딛었다. 뒷발을 떼고 움직이면서 엉덩이 쪽 근육에 힘이 들어간 듯 하다. 머리 뒤쪽으로 갈기나 뿔처럼 보이는 것이 솟았고, 꼬리는 짧다. 발에는 두꺼운 굽이 달렸다.

■ 부여 녹산

고조선 북쪽에는 '부여'라는 나라가 있었다. 고구려를 세운 주몽은 부여 출신이고, 백제를 세운 온조는 주몽의 아들이다. 그래서 백제에는 부여의 전통이 많이 남아있다. 성왕은 나라 이름을 '(남)부여'로 바꾸기도 했다.

부여라는 이름이 북방 언어로 사슴을 뜻하는 '부위', '부윈'에서 유래했다는 설이 있다. 또한 부여는 처음에 사슴산을 뜻하는 '녹산(鹿山)'에 자리잡았다고 알려져 있다. 부여는 예부터 사슴뿔을 하늘과 연결되어 있다고 생각해 신성시했다.

55 이목구비가 큰 인물 ³단

귀가 길게 늘어져 있고 오른손에는 뿔인지 갈고리인지 모를 물건을 쥐고 있다. 다른 인물들에 비해 이목구비가 크고 선명하며, 눈매 부분이 특히 부리부리하다.

■ 의복 ■ 양직공도

백제 의복은 상의와 하의가 나누어진 이부식 구조다. 상의는 소매가 넓은 형태의 저고리나 도포를 입는다. 옷감이 풍성하고 부드럽게 떨어져 몸과 옷 사이에 공간이 넉넉하다. 천의 자투리를 줄이는 방식으로 옷감을 실용적으로 썼다. <양직공도>는 중국 양나라를 방문한 여러 나라에 대한 설명과 그 나라의 사신을 그린 그림으로, 백제와 여러 나라의 의복을 알 수 있는 중요한 자료다. 백제 복식은 신라보다 화려하지만, 고구려보다는 절제된 모습으로 그려져있다.

56 개 3 ³단

바위를 오르다 멈추어 섰다. 작은 귀를 쫑긋 세운 채, 고개를 돌려 뒤를 쳐다보고 있다. 몸에 비해 얼굴이 작은 편이다. 꼬리는 사슴처럼 매우 짧다.

■ 동경이 ■ 댕댕이 ■ 토종견

경주에는 '동경이'라 불리는 토종견이 있다. '댄댄이', '댕갱이' 등으로도 불린다. 동경이는 날 때부터 꼬리가 매우 짧은 것이 특징이다. 진돗개, 삽살개와 함께 천연기념물로 지정되었다.

동경이는 경주에서 아주 오래전부터 살았던 것으로 보인다. '동경'은 경주의 옛 지명이며, 이곳에서 많이 사는 개라 동경이라는 이름이 붙었다. 경주 황남동 고분에서 발견된 신라 시대의 토기 뚜껑에는 꼬리가 짧은 개 토우가 붙어있다. 다른 무덤에서 발견된 수십 개의 개 모양 토우의 꼬리도 짧았다. 『삼국사기』에 따르면 의자왕 때 백제에 들사슴처럼 생긴 개가 등장했다는 기록이 남아있는데, 이 개를 동경이로 추정하기도 한다.

*같은 산 3단에 생김새와 자세가 똑같은 개가 한 마리 더 등장하는데 이 책에서는 중복이라 추가하여 설명하지 않았다.

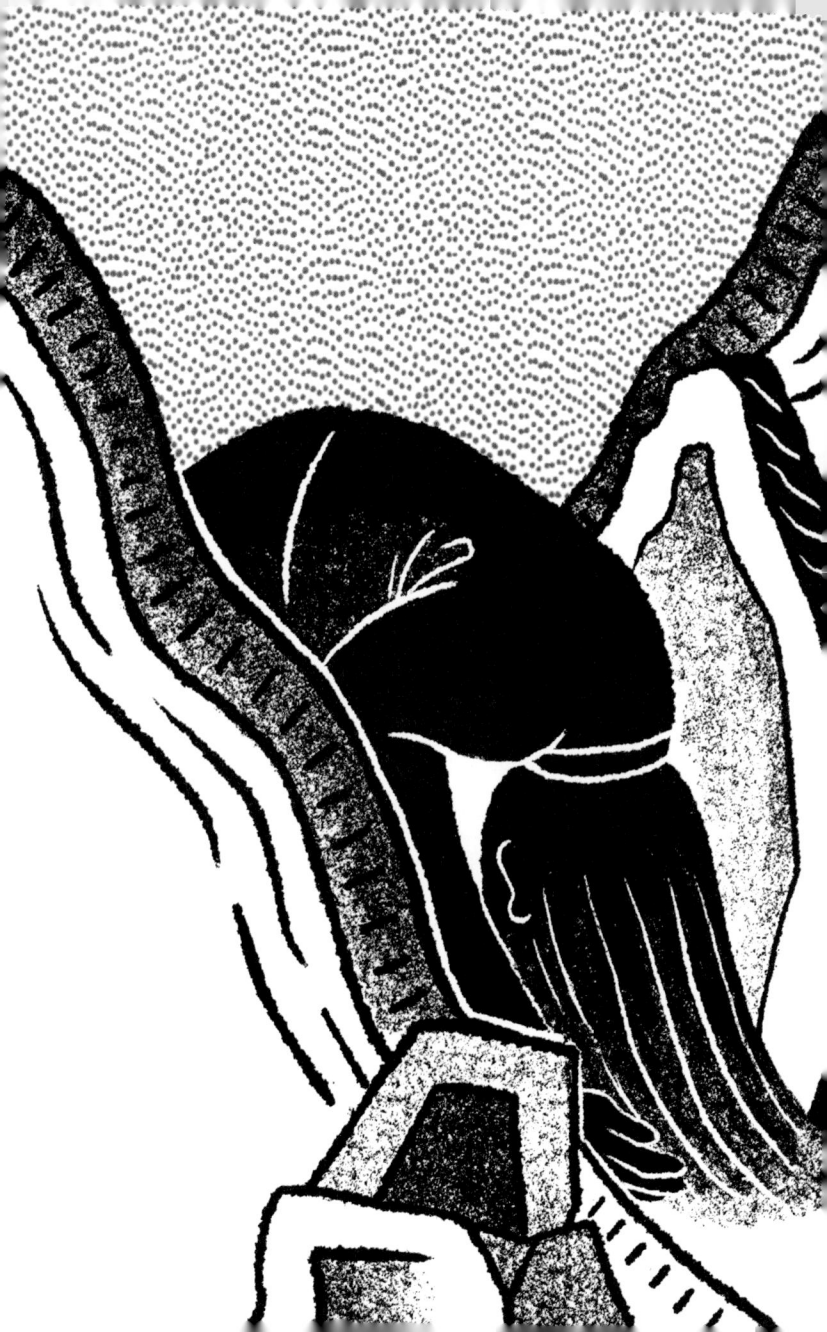

57 머리 감는 인물 ³단

정수리가 바닥 쪽으로 향하도록 허리를 깊이 숙였다. 긴 머리카락이 아래로 쏟아지고, 손으로 머리카락을 만지고 있다. 마치 머리를 감고 있는 것처럼 보인다. 시원한 백제의 여름 풍경을 상상해본다.

■ 유두 ■ 머리 감기

음력 6월 15일은 '유두(流頭)날'이라 하여, 동쪽으로 흐르는 물에 머리를 감아 나쁜 기운을 쫓고, 여름에 더위를 먹지 않도록하는 물맞이 행사가 열렸다.

고려 후기 문인 김극기의 문집『김거사집』에는 '동도(경주)의 풍속에 6월 15일 동류수(東流水)에 머리를 감아 액을 떨어버리고, 술 마시고 놀면서 유두잔치를 한다'고 기록되어 있다. 이러한 풍속은 신라 때부터 있던 것으로 보인다.

나라를 막론하고 사람들은 물에 정화력이 있다고 믿었다. 몸을 물에 담가 더러움을 멀리하고자 했다. 불교의 '관정(灌頂)', 기독교의 '세례(洗禮)'가 대표적이다.

58 외수 2 ³단

괴수의 몸과 얼굴을 가졌다. 사람처럼 두 발로 직립한 채,
역동적인 자세를 취하고 있다. 양팔에 달린 날개를 휘날리며,
허공의 무언가를 힘주어 밀어낸다. 앞으로 내밀어 앉은
다리는 커다란 외수의 몸을 단단하게 지탱한다. 다른 발은
뒤로 뻗어 발끝으로 바닥을 밀어내고 있다.

■ 외수역사상   ■ 장천 1호분

하늘을 받치는 외수는 인간, 역사(力士)의 모습으로도
나타난다. 고구려 장천 1호분의 천정굄돌 아래에는
<인물역사상>이 그려져있다. 정면을 보고서 다리를 구부려
바닥을 단단하게 지탱하고, 양손으로 천장을 받치고 있다.
얼굴은 서역인의 모습으로 눈과 코가 크고, 눈썹이 짙으며
머리카락이 풍성하다. 골격이 크고 힘이 세, 하늘을 지탱하는
힘든 일을 맡긴 것으로 보인다. 천둥과 번개를 관장하며, 뱀을
타고 천상과 지상을 오가는 자연신으로 여겨지기도 했다.

59 뱀을 문 신수 ⁴단

눈을 크게 뜨고, 코평수는 커졌다. 코 밑에는 구불구불한 콧수염이 한 가닥씩 길게 자랐다. 몸통의 모습은 보이지 않고, 얼굴만 있다. 커다란 입으로 뱀의 허리 부분을 꽉 깨문 채, 치아를 드러내고 있다. 드물게 정면을 쳐다보고 있어, 눈을 마주친 기분이다.

■ 천구 ■ 뱀

『산해경』에는 '천구(天狗)'라는 동물이 등장한다. 『산해경』의 글에는 뱀에 관한 언급이 없지만, 후대에 추정해 그린 그림에는 뱀을 물고 있는 모습으로 묘사된다. '천구(天狗)'는 하늘 개라는 뜻이다. 생김새는 삵(또는 너구리) 같고, 머리가 희고 '류류'하는 울음소리를 낸다. 이 짐승으로 흉한 일을 막을 수 있다고 한다. 울음소리가 '묘묘'로 적힌 판본도 있어 고양이 울음소리 같기도 하다. 향로 속 모습은 고양이도 개도 삵도 너구리도 닮지 않아 무엇인지 모르겠다.

60 독수리 ⁴단

높게 솟은 벼슬에 큰 눈을 가진 수리류의 동물이다. 커다란 날개를 접고 산등성이에 착륙한 모습이다. 입에 새처럼 보이는 무언가를 물고 있다. 발로 산을 단단하게 받치고 서 있다.

■ 가야 수로왕 ■ 변신술

독수리는 수리과 중 가장 크고 강한 맹금류다. 몸통 크기만 1m가 넘고 날개를 펼치면 최대 3m까지 커진다. 우리나라 토착 조류 중에서도 가장 크다. 『삼국유사』에 수리와 관련된 일화가 있다. 금관가야의 제1대왕 수로왕이 탈해(신라 제4대왕)와 변신술 경쟁을 했는데, 탈해가 매로 변하자, 수로왕이 수리로 변하여 이겼다고 한다.

61 약초를 만지는 인물 2 ⁴단

무릎까지 내려오는 긴 상의를 입었다. 사람 키높이보다 더 높이 자란 신령스러운 풀을 어루만지고 있다.

■ 오석산

'오석산(五石散)'은 먹으면 신선이 될 수 있다고 하는 신묘한 약이다. 부여 쌍북리에서 '오석'이라는 글자가 적힌 목간이 발견되어 백제인도 '오석산'을 복용했던 것으로 보인다. 『포박자』에 따르면 '오석'은 단사·웅황·백반석·증청·자석의 다섯 가지 광석을 말하며, 이것을 볶아 오석산을 만들었다고 한다. 오석산을 먹으면 몸에 열이 나서, 열을 식히기 위해 헐렁한 옷을 입고 산책을 했다.

■ 운모

운모(雲母)도 『포박자』에 나오는 불로장생 약이다. 조선 의약서 『향약집성방』에 따르면 '(운모를) 오랫동안 먹으면 몸이 가벼워지고 몸에 윤기가 돌며 늙지 않고 오래 살 수 있다'고 한다. 백제 왕흥사터에서는 운모로 만든 아주 얇은 연꽃 모양 장식이 발견됐다. 오석산, 운모 등을 통해 백제 의약의 발달을 도교와 연관지을 수 있다.

62 명상하는 인물 ⁴단

높게 솟아오른 바위 꼭대기에 양반다리를 하고 앉아있다.
울창한 나무를 그늘 삼아, 가만히 눈을 감고 고개는 살짝
아래를 향한 채 명상 중이다. 양손을 맞잡고 있는 듯 보이나
소매 품이 넓어 손이 보이지 않는다.

■ 무령왕릉 유리동자상

무령왕릉 왕비의 허리 부분에서 이목구비가 또렷한 두 개의
유리 동자상이 출토되었다. 수호신의 의미로 줄을 달아 몸에
지녔을 것으로 추정된다. 하나는 온전한 모습으로 서 있고,
다른 하나는 상반신만 남았다. 둘 다 민머리에 합장을 해 향로
속 인물과 비슷한 자세를 했다.

63 먹이를 문 새 ⁴단

산봉우리에 위풍당당한 자태로 서 있다. 몸에는 화려한
깃털이 수놓아져 있다. 갓 잡은 먹이를 입에 물고 있는데,
아직 먹지 않은 부분의 크기를 보면 꽤 큰 먹이인 것 같다.

■ 매 ■ 응준

백제에서는 새를 신성시하여, 나라 이름으로 삼기도 했다.
『제왕운기』에는 백제를 '응준(鷹準)'이라고도 불렀다고
기록되어 있다. 응준은 매를 뜻한다. 신라 황룡사 9층 탑의
각 층은 나라를 뜻하며, 아홉 개의 나라를 제압하기를
기원하면서 세웠다. 5층은 응유(응준의 다른 말)로
백제를 말한다.

64 다섯 마리의 기러기 5단

향로의 산 부분 맨 꼭대기에 위치한 다섯 봉우리에는 다섯 마리의 기러기가 한 마리씩 앉아있다. 향로의 5악사는 봉황 바로 아래에 자리 잡고 있는데, 5악사 주위로 기러기가 앉아 있는 다섯 봉우리가 둘러져 있다. 악사의 수에 맞춰 기러기를 배치한 듯하다. 기러기들은 저마다 다른 방향을 보고 있다.

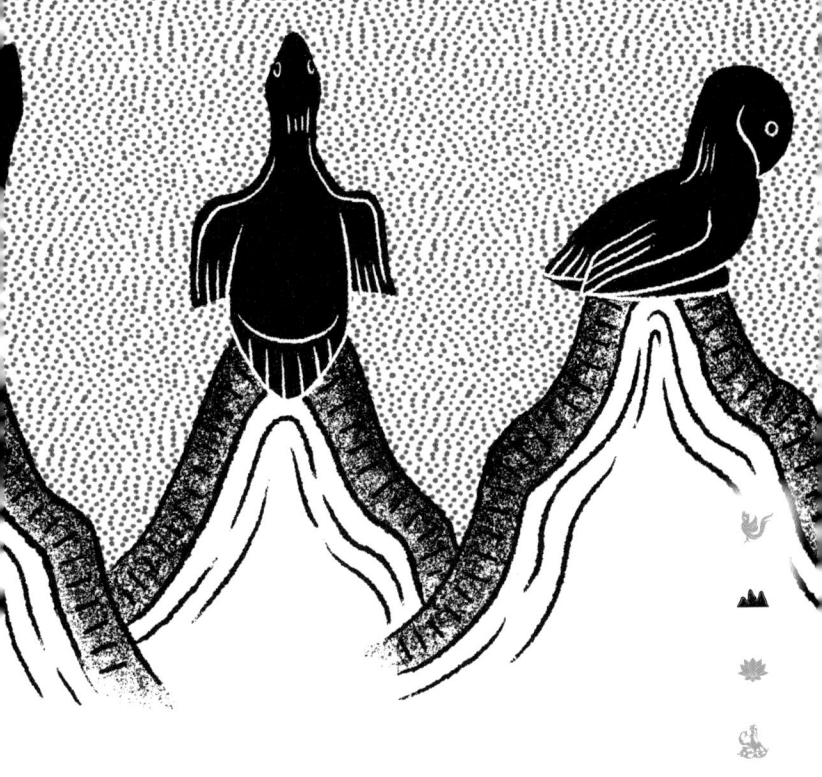

- 온조왕 ■ 기러기

『삼국사기』에는 온조왕 43년(25) 9월, 기러기 백여 마리가 왕궁에 모였다는 기록이 있다. 일관이 말하기를, "기러기는 백성의 상징입니다. 장차 먼 데 있는 사람들이 몰려올 징조입니다."라고 하였다. 일관(日官)은 길흉을 살피며 천문과 점성술을 담당한 관원이다. 기러기는 가을에 오고 봄에 돌아가는 철새로 가을을 알리는 새이자 소식을 전해주는 '길조'라 여겼다.

65 백제금을 켜는 악사 5단

둥근 얼굴에 미소를 띠고 있다. 풍성한 소매를 걷어붙이고 연주에 집중했다. 양반다리로 앉아 다리 위에 백제금을 올려놓았다. 악기는 왼쪽 끝부분이 좁고 오른쪽으로 갈수록 넓어지다가 다시 좁아지는 형태를 띠고 있다.

■ 5악사

향로의 산 맨 위에는 5악사가 있다. 모두 품이 넉넉한 옷을 입고, 긴 머리를 오른쪽 옆으로 묶은 채 연주에 몰입하고 있다. 5악사의 연주는 멀리 있는 봉황을 불러들였다. 과연 봉황만 불러들였을까. 용이 약동하기 시작한 것도 5악사의 음악 때문이 아닐까 상상하며 악사들의 배경으로 향로의 용 바닥 모양을 활용했다.

■ 현악기 ■ 백제 악기

이 현악기를 거문고, 금, 쟁으로 보기도 한다. 그러나 악기의 크기와 몸통 구조 등을 종합했을 때 기존의 악기로 특정하기 어려워 백제 고유의 것으로 보인다. 일본 기록에는 백제 악사를 '한금사(韓琴師)'라고 했다. 여기서 '한(韓)'은 백제를 뜻한다.

『삼국사기』에는 백제 악기에 관한 기록이 있다. 고(鼓)·각(角)·공후(箜篌)·쟁(箏)·우(竽)·지(篪)·적(笛)이 있다고 한다. 대전 월평동에서는 여덟 줄 현악기의 양머리모양장식이 출토됐다.

66 백제북을 치는 악사 5단

눈을 감고 편안한 표정을 짓고 있다. 왼손으로 북 옆면을 받치고 있고, 오른손에는 북채를 쥔 듯하다. 일반적인 북과 달리 납작한 형태로 공명 공간이 좁은 것이 특징이다.

■ 고취 ■ 타악기

힘을 내도록 격려하고 용기를 북돋는다는 뜻의 단어 '고취하다'는 북 고(鼓)와 불 취(吹) 자를 쓴다. 북을 치고 피리를 분다는 뜻이다. 『삼국사기』에는 백제 고이왕 때 '봄 정월에 하늘과 땅에 제사 지낼 때 북과 피리(鼓吹)를 사용하였다'는 내용이 있다. 백제에서 북이 자주 쓰였음을 알 수 있다.

🎼 완함을 연주하는 악사 ⁵단

봉황의 얼굴을 정면으로 했을 때, 바로 아래에 있다.
두 발을 오른쪽으로 모아 꿇어앉았다. 우리에게 친숙한
기타와 비슷한 모양을 한, 완함을 연주하고 있다.

■ 완함 ■ 월금 ■ 현악기 ■ 백제삼현

완함은 둥근 공명통에 네 줄의 현이 매어진 모양의 악기다.
완함(阮咸)은 중국 진나라 죽림칠현의 한 사람으로 비파를
개량해 악기를 만들었다. 그의 이름을 따 악기 이름을
완함이라 부르게 되었다. 완함은 공명통이 보름달처럼
둥글다하여 월금(月琴)이라고 부르기도 한다.

우리나라 최초의 완함(월금)은 안악 3호분 벽화에서
발견된다. 4세기경부터 고구려에서 중요한 현악기의 하나로
사용되었음을 알 수 있다. 고구려 음악에서 독주 악기,
거문고, 퉁소와 함께 춤을 반주하는 악기로 쓰였다고 한다.

그런데 향로의 악사가 연주하는 악기는 세 줄로 된 것처럼
보인다. 완함과 다른 악기를 표현하려고 한 것인지 아니면
네 줄 완함을 세 줄 완함으로 간략히 표현했는지 확실하지
않다. 최근 2023년 발간된 국립 부여 박물관 도록에는
'완함'이라 하지 않고 '백제삼현'으로 명명했다.

68 종적을 부는 악사 5단

보름달처럼 둥근 얼굴에 잔잔한 미소를 머금으며, 종적을 불고 있다. 고요하고 은은한 피리 소리를 상상해본다.

■ 종적   ■ 관악기

관악기는 취구의 위치에 따라 가로로 부는 횡적과 세로로 잡고 부는 종적 두 갈래로 구분된다. 백제 유민들이 만든 연기 지역의 절 비암사에 있는 '계유명아미타삼존불비상'에서 종적을 연주하는 악사의 모습을 찾아볼 수 있다. 안악 3호분이나 장천 1호분 등의 고구려 고분벽화에서 횡적을 불고 있는 것으로 보아 종적과 횡적이 두루 사용되었음을 짐작할 수 있다.

■ 만파식적

『삼국유사』에는 소리로 세상을 다스리는 피리 '만파식적' 설화가 나온다. 삼국을 통일한 신라 문무왕은 바다에 묻혀 용이 되었다. 아들 신문왕은 문무대왕릉 근처에 감은사를 지었다. 어느 날 근처 바다에 작은 산이 떠내려왔다. 신문왕이 배를 타고 들어가자 용이 검은 옥대를 바치며 "이 대를 가져다가 피리를 만들어 불면 천하가 화평할 것입니다."라고 하였다. 돌아와 피리로 만들어 불자 병이 낫고, 적이 물러가고, 가뭄에는 비가 왔다고 한다. '만파식적(萬波息笛)'은 만 가지 파도를 잠재우는 피리라는 뜻이다.

69 배소를 부는 악사 5단

무릎을 한쪽으로 틀어 옆으로 꿇어앉았다. 사다리꼴 모양의 배소를 불고 있다. 왼손은 세로로 세워 악기의 옆면에 대고 있으며, 오른손으로는 악기를 감싸 쥐었다.

■ 배소 ■ 관악기

배소는 길이가 다른 대나무를 차례대로 이어 붙인 관악기다. 피리와 달리 한 관에서 한 음만 낼 수 있다. 대가 짧아질수록 음이 높아진다. 북방 유목민들의 악기로『시경』에 '소관'이라는 이름으로 등장해 오랜 옛날부터 쓰였던 것으로 보인다. 안악 3호분, 덕흥리 고분, 오회분 5호묘 등 고구려 고분벽화에 자주 등장한다.

결(結)

봉황

5악사의 음악이 연주되고, 다섯 산봉우리는 다시 꼭대기의 3산으로 모아지고, 그 위에 봉황이 있다.

봉황은 태평성대에 나타난다고 한다. 하늘과 땅을 연결하는 새에 대한 신앙이 발전하여 만들어진 상상 속의 새다. 다섯 색의 깃털을 지니고 있으며, 울음소리는 다섯음을 낸다고 한다. 5악으로부터 일어나는 변화, '악전변(樂轉變)'에 주목했다.

70 봉황

5악사의 연주를 듣고 향로의 맨 꼭대기에 내려 앉았다.
여의주를 턱 밑과 가슴 사이에 끼고 있는데, 언제라도 떨어질
듯 아슬아슬해 긴장감을 자아낸다. 가슴에는 두 개의 구멍이
뚫려 있다. 향을 피우면 봉황의 가슴 구멍에서 연기가
피어오르고, 여의주를 감싼다.

■ 태평성대 ■ 음악

봉황은 태평성대를 상징한다. 『산해경』에 따르면, 새(봉황)의
머리 무늬는 덕(德), 날개 무늬는 의(義), 등 무늬는 예(禮),
가슴 무늬는 인(仁), 배 무늬는 신(信)을 나타낸다고 한다.
『서경』에는 '순임금이 소소(簫韶)라는 음악을 지어 연주할 때
봉황이 날아왔다'는 표현이 있다.

■ 동탁은잔

1971년 백제 무령왕릉에서 출토된 동탁은잔은 왕비의
머리맡에서 발견되었다. 잔 아랫부분에는 세 마리의 용이
줄지어 있으며, 뚜껑에는 산과 산 사이에서 노닐고 있는
봉황과 나무, 연꽃잎 등이 그려져 있다. 뚜껑의 꼭대기에는
연꽃이 작게 조각되어 있는데 마치 이제 막 꽃을 피우는
것처럼 보인다. 향로와 구성의 순서는 다르나, 요소가 비슷한
부분이 많다.

■ 산수무늬 벽돌

부여 외리에서 다양한 무늬와 형상을 새긴 무늬 벽돌이 8매 출토되었다. 그 중 산수무늬 벽돌은 산과 나무, 물과 바위가 구름과 함께 묘사되어 있어, 산수화를 연상하게 한다. 산꼭대기 위에 앉아 있는 위풍당당한 봉황의 모습을 볼 수 있다. 산수무늬 벽돌에는 산사와 승려상이 묘사된 부분도 있어, 도교적이면서도 불교적인 색채를 엿볼 수 있다.

■ 벽오동나무

옛사람들은 봉황이 벽오동나무에 내려 앉기를 기원하며, 벽오동나무를 정성스럽게 가꾸었다.『장자』에는 '봉황은 벽오동나무가 아니면 앉지 않고 대나무 열매가 아니면 먹지도 않고 예천(醴泉)이 아니면 마시지도 않았다'고 했다. 송강 정철은 '다락 밖에 벽오동나무 있건만/봉황새는 어찌 아니 오는가./무심한 한 조각달만이/한밤에 홀로 서성이누나.' 라는 시를 읊기도 했다. 벽오동나무는 거문고 등 악기 재료로 쓰이기도 했다.

■ 의상

『삼국유사』에는 의상 스님이 중국 유학길에 지엄대사를 찾아간 일화가 나온다. 의상이 찾아오기 전날 밤, 지엄대사의 꿈이 기이했다. 바다 동쪽 큰 나무의 가지와 잎이 중국까지 뻗어 나와 덮었다. 그 위에 봉황의 둥지가 있어 올라가 보니 마니보주(여의주)가 빛나고 있었다. 깨고는 놀랍게 여겨 의상을 제자로 삼았다.

부록.

백제금동대향로의 화생전변적 상징구조와 제작목적

조경철

핵심어.
백제대향로, 연화생, 화생전변,
용전변, 악전변, 3년상, 유불도 조화, 정치적 화합

*『국악원논문집』, 국립국악원, 2011, 제23집에 실렸던 논문을 수정·보완했습니다.

요약

백제대향로의 상징구조에 대해서는 몸체의 연꽃과 뚜껑의 산에 주목해왔다. 뚜껑의 산은 중국 박산향로의 영향으로 보고 도교적 특징을 강조하였으며, 몸체의 연꽃을 강조하여 용-연꽃-산-봉황으로 이어지는 구도를 연화생(蓮化生)이란 관점에서 파악하였다. 즉 용은 연꽃의 출현을 준비하는 장치로 보았으며, 산은 물론 연화생에 의한 결과이며, 봉황은 연화생에 의해 생긴 산과 연결되어 있다는 것이다.

하지만 백제대향로는 연꽃이 차지하는 의미 이상으로 용과 5악(樂)도 중요한 의미를 갖고 있다. 용은 향로의 1/3 이상을 차지하고 연꽃보다 크며, 5악은 중국 박산향로에 보이지 않는 요소로 백제적 특성이 잘 나타나 있다. 따라서 용에 의한 연꽃의 출현, 5악에 의한 봉황의 출현을 연화생의 원리로만 파악하는 것은 향로의 역동적인 생성구조를 표현하기에 한계가 있다. 그래서 '변화무궁', '생성무궁', '전변무궁'이란 의미의 전변을 화생과 결합하여 '화생전변'이란 용어를 만들어보았다. 이에 기반하여 용에 의한 연꽃의 출현을 용전변, 연꽃에 의한 산의 출현을 연화생, 5악에 의한 봉황의 출현을 악전변으로 파악해 보았다.

향로의 5악(樂)은 5음(音)으로『예기』에 의하면 군, 신, 민, 인사, 만물의 조화를 의미한다고 한다. 백제 위덕왕은 성왕의 전사로 표면에 등장한 사상계와 정치계의 갈등을 성왕의 3년상으로 타개해 나갔으며 이때 대향로가 만들어진 것으로 보인다. 위덕왕은 백제대향로를 통해 유불도 3교의 화합과 정치적 갈등을 해소하려 했으며 그 중심은 5악이 표방하고 있는 예악사상이었다.

목차.

I. 머리말
II. 향로 제작 이전 백제의 사상계
III. 향로의 화생전변적 상징구조
IV. 백제대향로의 제작목적과 제작연대
V. 맺음말

I. 머리말

[그림 1] 백제대향로, 국립부여박물관

백제대향로는 1993년 부여 능산리 사지[이하 능사]에서 발견되었다. 높이 61.8cm, 몸통 최대지름 19cm, 무게 11.85kg으로 받침의 용, 몸체의 연꽃, 뚜껑의 산, 꼭지의 봉황 등 네 부분으로 이루어졌다. 몸체의 연꽃에는 27마리의 짐승과 2명의 인물이 새겨져 있으며, 뚜껑에는 42마리의 짐승과 74곳의 봉우리, 5악사를 비롯한 17명의 인물, 6종류의 식물이 새겨져 있다.[1] 전체적으로 힘과 역동성이 느껴진다. 향로에 다가가면 갈수록 새롭게 전개되는 세상은 경이로움을 자아낸다.

향로 뚜껑의 산은 중국 한(漢)나라 이후의 박산(博山)향로의 모습과 비슷하여 도교의 신선사상과 연결되었다.[2] 한편 몸체의 연꽃을 중심으로 펼쳐진 세계를

연화장세계로 보거나 용-연꽃-산-봉황으로 이어지는 구도를
불교의 연화생의 입장에서 보기도 하였다.[3] 향로가 불교와
도교의 입장에서 주로 다뤄지는 흐름 속에서 새롭게 3산(山)
5악(岳)과 5악사(樂師)에 주목하여 유교의 제사와 예악을
강조하기도 하였다.[4] 현재 향로의 사상적 배경에 대해서는
도교-불교-유교 순으로 보고 있는 것 같다. 상대적으로
향로의 유교사상에 대한 평가가 미흡하다고 생각한다.

    본 논문에서는 5악(樂)이 산과 봉황 사이에 위치한
점에 주목하여 유교의 예악사상을 보다 강조해 보았다.
5악은 중국 향로에 보이지 않는 요소로 백제대향로의 특징
중의 특징이라고 생각했기 때문이다. 한편 향로의 구성
원리에 대해서는 연화생의 원리에 입각하여 파악한 바가
있지만, 용에 의한 연꽃의 출현과 5악(樂)에 의한 봉황의
도래를 화생의 원리로 설명하기엔 부족한 점이 있어
화생(化生)에 전변(轉變)이란 의미를 덧붙여 풀어보았다.

    향로의 제작연대에 대해서는 중국과의 교류와
미술사적 관점에서 6세기 3/4분기에서 7세기 초반에
제작된 것으로 보고 있다. 필자는 향로가 제사나 의례에
사용됐던 점에 착안하여 백제 성왕의 3년상 기간과 결부시켜
보았다. 그리고 향로에 나타난 유불도 삼교의 조화를 성왕대
후반에서 성왕의 전사에 이르는 사상계와 정치계의 변동에
연관 지어 보았다.

II. 향로 제작 이전 백제의 사상계

1. 불교

백제는 침류왕 원년(384) 동진의 마라난타로부터 불교를 받아들였다. 한산에 절을 짓고 10명의 승려를 도승(度僧)하여 3사(師) 7증(證)의 상가제도를 확립하고 아신왕 원년(392) 불법을 믿어 복을 구하라는 교서를 내릴 만큼 불교 홍포에 적극적이었다. 5세기 개로왕 때 도림을 통하여 북위의 왕즉불 사상을 받아들이기도 했다. 하지만 본격적인 불교 교학의 출발은 6세기 성왕 때를 기다려야 했다.[5]

성왕의 부왕인 무령왕은 말년에 겸익을 인도에 보내 아비달마 논서와 율장을 구해오게 하였다. 성왕 4년(526) 겸익은 귀국하여 가져온 아비달마와 율장을 번역하여 『백제신율』을 만들었다. 율의 정비를 통한 불교계의 정비는 속세 권력의 정비로 확장되어 갔다. 겸익과 그 주변의 인물들은 당시 백제에서 활동한 강례박사 육후와 보조를 맞추어 성왕 후반 유불통치체제 확립에 기여하였다. 하지만 성왕 말년 일본에 불교를 전하면서 보낸 국서의 내용으로 유추해 보건대, 겸익을 대표하는 불교계와 육후를 대표하는 유교계의 갈등이 있었던 것으로 추정된다. 이 갈등은 성왕의 죽음으로 표면화되어 '위덕왕의 공위(空位)', '건방지신(建邦之神)', '위덕왕의 출가 시도' 문제 등을 일으키기도 했다.[6]

무령왕대 국내에서 활약하지 않았지만, 중국에서
공부하고 귀국한 발정이 있다. 그는 천감 연간(502~519)에
중국으로 건너가 30여 년 동안 공부하고 귀국하였다고 한다.
541년 백제는 양나라에 『열반경』 등의 주석서와 모시박사
등을 청한 바 있는데, 아마 발정도 이즈음 귀국했던 것으로
추정된다. 발정이 주로 공부했던 내용은 법화신앙이었다.
그가 귀국할 때 『법화경』 독송자와 『화엄경』 독송자가 암송
경쟁을 벌였는데 『법화경』 독송자가 이겼다는 고사를 전하고
있는 관세음도실에 들른 데서 알 수 있듯이, 그의 『법화경』
독송에 대한 관심은 높았다. 백제의 열렬한 법화신앙의
사례는 이밖에 여러 곳에서 찾을 수 있다. 현광은 중국의
남악혜사로부터 법화안락행문을 전수받았고, 국내파로
중국 고승전에 입전된 혜현은 수덕사와 달나산 등 전국을
돌아다니며 법화신앙을 널리 퍼뜨렸다.

　　　백제의 법화신앙은 특히 백제 왕실의 성족관념을
확립하는 데 기여하였다. 신라의 경우 진흥왕 아들의 이름인
동륜, 진지왕의 이름인 사륜, 진평왕의 이름인 정반, 왕비의
이름인 마야부인에서 알 수 있듯이 신라 왕실은 그들이
전륜성왕* 혹은 석가족과 같다는 신성족 관념을 만들어 냈다.
하지만 불교를 통한 왕실의 신성성 고양은 신라보다 백제가
앞섰다.

　　　『삼국유사』 원종흥법염촉멸신조에 의하면 대통사는
신라 법흥왕이 중국 양무제를 위하여 대통원년(527) 웅진에

---

*전륜성왕(轉輪聖王)은 불교의 이상적인 군주를 말한다. 줄여서 '성왕'이라고도 한다.

세워졌다고 한다. 그러나 『삼국유사』 찬자의 대통사에 대한 언급에는 이해할 수 없는 점이 한둘이 아니다. 한 가지 예를 들면 신라의 법흥왕이 당시 백제의 수도인 웅진에 절을 세울 수는 없는 것이다. 현재 학계에서는 신라 법흥왕을 백제 성왕으로 바꾸어 이해하고 있다. 위 기록의 문제점에 대해서는 이미 자세히 언급한 바가 있으므로 생략하도록 한다.[7]

『법화경』화성유품에 의하면 석가에 이르는 계보를 다음과 같이 서술하고 있다. 전륜성왕의 아들이 출가하여 대통불이 되었고, 대통불의 16명의 아들들도 아버지를 따라 출가하여 팔방의 부처가 되었다. 16명의 아들 가운데 첫째가 지적이고 막내가 석가모니라고 한다. 곧 전륜성왕 - 대통불 - 석가모니에 이르는 계보로 정리된다. 백제에는 불교에 돈독한 성왕이 있고, 웅진에 대통사가 있고, 석가모니로 자처한 법왕이 있고, 사택지적비의 주인공인 지적이 있었다. 이렇게 『법화경』과 백제사에 등장하는 여러 요소를 종합해 보면 대통사의 대통은 중국 양무제의 연호가 아니라 대통불의 대통일 가능성이 높다. 따라서 대통사는 백제 성왕이 백제 왕실의 계보를 석가모니의 계보와 동일시하여 왕실의 성족관념을 표방하기 위하여 지은 사찰로 생각된다. 그리고 대통사의 창건연대도 대통 원년(527)이 아니고 부왕인 무령왕의 3년상이 끝나고 아들 창[위덕왕]이 태어난 525년쯤이 가장 유력하다. 범위를 넓힌다면 무령왕의 죽음부터 왕비의 3년상이 끝나는 523년~529년 사이로 추정할 수 있다.

『법화경』의 갖춘 경전 이름은 『묘법연화경』이다. 경 이름의 '연화'는 연꽃으로, 부처님의 가르침을 마치 진흙에서 피어나는 연꽃에 비유하였다. 물론 연꽃은 법화신앙뿐만 아니라 불교 일반의 상징이지만 대향로의 연꽃을 화엄의 연화장세계까지 확대해석하는 것은 논란의 여지가 있다. 발정이 앞서 화엄보다 법화의 우월성을 강조했을 뿐만 아니라 화엄의 대두 시기는 삼국통일을 전후한 시기로 보여지기 때문이다. 무령왕릉에 보이는 연꽃 문양, 무령왕비의 베개에 그려진 연화생의 문양, 대통사터에서 발견된 석조에 새겨진 연꽃 문양을 통해 백제불교미술의 일단을 볼 수 있다. 『법화경』에 대한 이해는 『열반경』의 '일체중생 실유불성(一切衆生悉有佛性)'의 불성론에 대한 관심으로 이어져 541년 양나라에 『열반경』에 대한 주석서를 청하기도 하였다.

2. 유교

백제의 유교에 대한 이해는 4세기 후반 일본에 『논어』와 『천자문』을 전해주었다거나 『서기』란 역사책을 편찬한 데서 알 수 있다. 또한 개로왕이 북위에 보낸 표문과 도미부인의 정조관을 통해서 유교에 대한 이해가 좀 더 깊어졌음을 알 수 있다. 그러나 유교의 구체적 규범인 예제의 적용은 성왕 때를 기다려야 했다.

　　백제의 성왕이 아버지 무령왕의 장례를 성대히 치렀음은 무령왕릉을 통해서 다 알고 있지만 특히 3년상의 장례 절차가 우리의 주목을 끈다. 왕릉에서 발견된 왕과 왕비의 지석에는 그들의 죽은 날과 묻힌 날이 기록되어 있다. 기간을 계산하면 모두 28개월이다. 중국 3년상의 경우 후한 정현의 27개월 설과 삼국시대 위나라 왕숙의 25개월 설이 팽팽히 대립하였는데, 남북조시기에는 정현의 27개월 설로 굳어졌다. 무령왕릉과 무령왕릉에서 발굴된 유물은 중국 양나라의 영향으로 도배를 했다고 해도 과언이 아닌데 유독 3년상의 기간만큼은 27개월도 아니고 그렇다고 25개월도 아니어서 학계에 곤혹감을 안겨주었다. 그러나 백제에서 27개월에 1개월을 더한 28개월의 3년상을 치른 이유는 백제 내부에 있었다. 백제의 장례는 빈장으로 시신을 3년상의 마지막에 묻어야 했기 때문에 1개월의 여유가 필요했다. 그래서 28개월의 3년상이 된 것이다. 백제는 중국의 27개월 3년상에 대한 이해를 기반으로 백제 실정에 맞는 28개월 3년상을 만들어 낸 것이다.[8]

523년에서 525년[왕], 526년에서 529년[왕비]에 걸친 3년상을 통해 백제 유교의 진전 상황을 알 수 있었지만, 본격적인 예제의 확립에는 육후의 영향이 컸다. 성왕은 541년 양나라에 열반경 등의 주석서와 모시박사 및 와공 등의 기술자를 청하였다. 이때 백제로 건너온 인물이 강례박사 육후였다.

육후는 어려서 최령은의 『삼례의종(三禮義宗)』을 배웠고 예에 관한 업무를 맡은 사부낭중(祠部郎中)을 역임한 바도 있다. 이로 볼 때 육후는 『예기』는 물론 『주례』와 『의례』 등 삼례에 밝았음을 알 수 있다. 또한 최령은이

『집주모시(24권)』를 지은 걸로 보아[9] 육후의 『시경』에 대한 이해도 깊었을 것으로 생각된다. 그의 백제에서의 활동연대는 541~552년에 걸치는 10여 년간으로 추정된다. 당시 백제는 성왕 후반기로 22부사의 정비[10] 및 천(天)과 5제(帝)에 대한 제사의 정비[11] 등 일련의 통치제도가 완성되어 가는 시기였는데 이를 주도한 인물이 육후였다. 그러나 육후는 성왕 말년 불교계와의 갈등 등의 이유로 중국으로 건너가게 된다. 저간의 사정은 앞서 간략히 언급한 바가 있다.[12] 백제대향로의 구성요소 중 5악사로 대변되는 음악의 존재는 예에 밝은 육후의 활동을 고려할 때 주목할 요소다. 예와 악은 일체라고 말하듯이 악은 예와 밀접히 관련되어 있기 때문이다.

3. 도교 및 기타

백제의 도교[도가]에 대한 직접적인 기록은 4세기 후반 근구수왕이 태자시절 고구려와 전쟁을 치르면서 장군 막고해가 태자에게 간한 내용에 보인다. 막고해는 '만족할 줄 알면 욕을 당하지 않고 그칠 줄 알면 위험에 처하지 않는다(지족불욕 지지불태 知足不辱 知止不殆)'라는 말로 태자의 말머리를 돌리게 했다. 그런데 '지족불욕 지지불태'란 말은 노자의 『도덕경』에 나온 말이다.[13]

　　　도교와 직접 연결되지는 않지만 상서(祥瑞)와 관련해서 칠지도를 주목할 필요가 있다. 칠지도는 7개의 가지가 뻗어 있는 특이한 모양으로 신수(神樹),

세계수(世界樹) 등을 상징한다고 하는데 그 구체적인 이름에
대해서는 알려진 바가 없다. 필자는 예전 칠지도의 모양이
잎이 6개인 명협(蓂莢)을 본떠 만들었다고 주장한 바가
있다.[14] 하지만 백제에서 명협이란 풀을 알고 있었느냐는
질문에 직접적인 답변을 하지 못하였다. 그런데 왕충의
『논형』을 다시 검토하면서 이 책에 명협에 대한 자세한
내용이 실려 있음을 알게 되었다. 사실 칠지도의 명문에
보이는 '병오정양(丙午正陽)'이라는 글귀의 유래에 대해서
살피면서[15] 백제가 『논형』을 보았다는 점을 강조하였는데
정작 중요한 명협의 용례를 놓쳤던 것이다.[16] 정양이
남면하는 황제를 황룡에 비유했다면, 명협도 이와 같이
왕자(王者)의 남면(南面)을 강조하는 상서로운 풀로
여겨졌음을 알 수 있다.

  6세기 전반 무령왕릉[17] 출토품 가운데 지석,
진묘수[석수], 동경, 동탁은잔 등에서 도교적 신선적 요소를
찾을 수 있다. 지석에는 지신(地神)에게 땅을 산다는 내용이
보이고, 무덤을 지키는 진묘수의 등장과, 동경의 사신(四神)
문양과 동경의 명문에 대추를 언급한 것은 모두 도교와
관련이 있다. 동탁은잔에는 용 그림이 있고, 무령왕비의
베개 장식이나 산수문전에는 봉황이 보여 용과 봉황에
대한 이해가 있었음을 알 수 있다. 무령왕릉에서 발견된
용봉환두대도를 통해 용과 봉황이 짝을 이룬 사례도 보인다.

III. 향로의 화생전변적 상징구조

1. 화생전변의 의미

진흙에서 피어나는 연꽃은 깨달음과 정토와 생명을 상징한다. 부처님의 대좌가 연화대좌임이 이를 잘 보여주고 있다. 화생은 연화생으로 연꽃에서 새로운 생명이 태어나는 것을 말한다.[18] 구체적인 사례는 연꽃 속에서 사람이 태어나는 모습의 고구려 장천 1호분의 고분벽화[19]와 백제 무령왕릉 무령왕비 베개의 연화생[20]에 잘 나타나 있다.

대향로의 몸체는 연꽃으로 구성되어 있다. 그 연꽃 위로 산이 펼쳐져 있다. 마치 연꽃 속에서 산이 화생하는 모습이다. 산 위에는 봉황이 있다. 산의 인물상과 동물상은 물론 5악사, 다섯 마리의 새, 봉황이 모두 연꽃에서 생겨나왔다고 볼 수 있다. 산의 의미와 봉황의 의미를 불교적 의미로 보지 않더라도 그것이 생겨나는 근원은 연꽃의 연화생에 있다고 한다.[21] 그러나 화생의 원리는 용의 입에서 분출하는 연꽃의 탄생과 5악(樂)에 의한 봉황의 출현을 설명하기 어렵다.

전변(轉變)은 주로 불교의 유식사상에서, 대상이 실재한다고 생각하지만 실은 식전변(識轉變)에 의해 생겨난 가상(假相)에 불과하다고 할 때 쓰이는 말이다. 『대지도론』에서는 전변을 설명하면서 '큰 것이 작은 것이 될 수 있고 작은 것이 큰 것이 될 수 있으며, 하나가 여럿이 될 수 있고 여럿이 하나가 될 수 있다. 여러 사물이 모두 전변할

수 있다'고 하였다.[22]

그렇다고 전변이 불교에서만 쓰이는 말은 아니다. 『장자』에 대한 주석『장자집해(莊子集解)』[23]에 보이는 전변무궁(轉變無窮)[24] 등의 예에서 볼 수 있듯이, 전변은 사물과 사물의 관계가 고정되지 않고 끊임없이 굴러 변화함을 말한다. 전변과 같은 뜻으로 보이는 전역(轉易), 변전(變轉)의 용례도『주역』의 주석서에 보인다.[25] 따라서 백제대향로는 용-연꽃-산-봉황으로 전개되는 연화생과 전변을 아우른 화생전변의 생성원리에 의거해 만들어졌다고 생각한다.

2. 향로의 화생전변과 기승전결

부여 능산리 절터[능사]에서 발견된 백제대향로는 기존의 무령왕릉에 의해 촉발된 백제사의 인식을 180도 바꾸어 놓았다. 무령왕릉과 이곳에서 출토된 유물은 양나라의 영향이라는 꼬리표를 붙일 수밖에 없는 한계가 있었지만, 백제대향로는 바로 이 꼬리표를 단번에 날려 버렸다. 물론 중국의 영향을 부정할 수는 없다. 6세기 후반 혹은 7세기 전반에 만들어졌다고 추정되는 백제대향로는 중국 한나라 박산향로의 영향을 받았다.

그리고 용이 아래로 연꽃을 토하고 다시 위로 올라간 연꽃 위에 불상이 있는 형상은 중국 동위 청주 용흥사터 출토 조상에 보이고, 용이 향로의 연꽃을 받치고 있는 형상은 수나라의 녹유박산향로에 보이고, 향로의 산 위에 봉황이 있는 형상은 북위 산동성 임치 출토 정광 6년(525)명 조망희조상비좌 부분과 남조 강소성의 박산향로를 들고있는 시녀화상전에 보인다.[26]

그러나 대향로의 구성요소 가운데 일부가 중국의 사례에 보인다고 하더라도 용-연꽃-산(5악)-봉황의 구성 원리에 입각하여 만들어진 중국 향로는 아직까지 발견된 바가 없다. 특히 용이 하늘을 향해 연꽃을 토해내는 장면과, 산과 봉황 사이에 5악사를 배치한 것은 향로의 역동성 가운데 압권이라 할 수 있다.

대향로는 받침의 용, 몸체의 연꽃, 뚜껑의 산, 꼭지의 봉황 등 네 부분으로 구성되어 있다. 그런데 용이 전체 향로에서 차지하는 비중은 생각보다 크다. 꼭지의 봉황을 제외한다면 용의 크기는 몸체와 뚜껑의 크기를 합한 것과 같다. 용-연꽃-산-봉황의 전개 과정을 기승전결(起承轉結)로 이해할 수 있다면 용은 기(起)에 해당한다. 중국의 녹유박산향로의 경우 받침의 용은 연꽃을 들고 있기에 급급하다. 연꽃 위의 산까지 생각한다면 역부족인 느낌을 준다. 그러나 대향로의 용은 역동적인 모습으로 머리를 하늘로 향하면서 힘차게 연꽃을 뿜어내고 있다[그림 2].

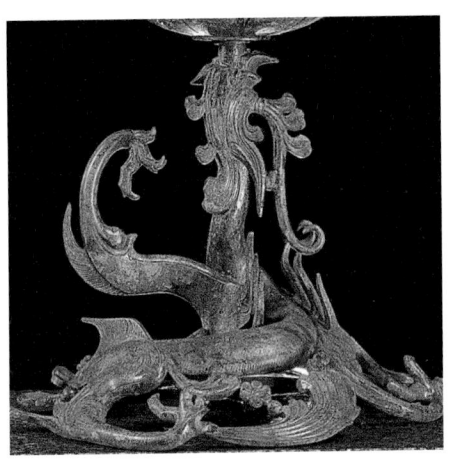

[그림 2] 백제대향로의 용

용은 천지 만물의 조화를 이끌어 내는 신물(神物)로 용의 생동감과 힘은 연꽃뿐만 아니라 연꽃 위의 산과 봉황을 자신의 입 위에 놓고도 기운이 남아있는 듯하다. 마치 잠룡(潛龍)[27]이 깨어나 세상의 조화를 만들어내려는 기세다. 용의 입에서 연꽃을 뿜어내는 현상을 연화생의 근원적 출발로 설명할 수도 있지만, 용이 갖고 있는 변화와 생동감이 잘 드러나지 않는 아쉬움이 남는다. 변화와 생동감은 일정한 패턴이 아닌 끝임없는 재창조의 전변의 과정을 거쳐나간다. 용에 의한 전변에 의해 연꽃이 생겨났으므로 연꽃의 탄생은 용전변(龍轉變)에 의한 것으로 볼 수 있다.[그림 3]

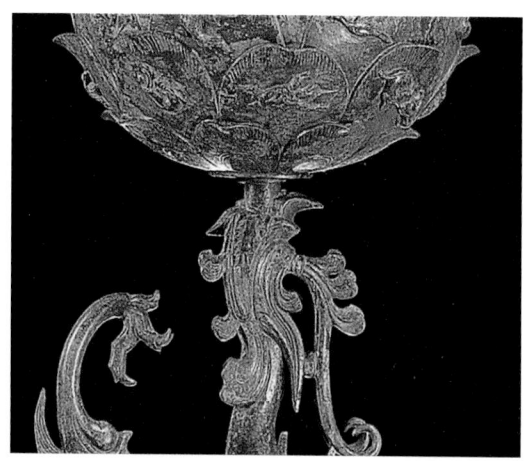

[그림 3] 용의 입에서 뿜어져 나오는 연꽃[용전변]

연꽃은 3단으로 더 넓게 퍼져 올라갔다. 연꽃은 진흙 속에 피는 꽃으로 새로운 생명과 깨달음을 상징한다. 고분벽화에는 연꽃 속에서 사람이 태어나는 장면이 묘사되어 있다. 연꽃에 의한 창조를 보통 연화생(蓮化生)이라 한다. 용의 입을 보면 그 입에서 무엇이 솟아나올까 긴장감이 감도는데, 이와 마찬가지로 연꽃도 화생의 이미지가 있어서 그 속에서 무엇이 화생할까 하는 궁금증을 자아낸다. 하지만 연꽃은 불상의 대좌 등을 받치는 연화대좌로 많이 사용된 전례가 있기 때문에 예측이 가능하여, 용전변만큼 박진감을 주진 못하고 있다. 용의 박진감에 비례하여 상대적으로 조용한 연꽃의 이미지가 강조된 듯하다. 그렇지만 한없이 넓게 퍼진 연꽃은 삼라만상을 포용할 만큼 넉넉하다. 연화생(蓮化生)에 의해 생겨난 산은 여러 산봉우리와 각 봉우리에 새겨진 생생한 조각에 의해 역동성을 되찾았다. 연화생은 기승전결의 승(承)에 해당한다고 볼 수 있다.
[그림 4]

[그림 4] 대향로의 연꽃과 선산(仙山)[연화생]

백제대향로의 산은 중국 한대(漢代)에 만들어진 박산향로의 박산에서 모티브를 가져왔다. 박산은 신선이 산다고 여겨지는 산인데, 백제에도 삼산(三山)에 신인(神人)이 날아다닌다거나 궁남지에 방장선산(方丈仙山)을 만들었다는 데서 중국 박산에 대한 정보가 있었음을 알 수 있다. 그렇다고 하여 대향로의 산을 중국의 박산으로 규정할 필요는 없다고 생각한다. 산 위에 봉황이 있는 백제의 산수문전에서 보듯이 그 산이 방장산일 수도 있고, 보다 넓은 범주인 선산(仙山)일 수도 있다.

한편 향로의 산을 선산이 아닌 불교의 수미산으로 보기도 한다. 더 나아가 용과 연꽃과 산의 관계를 고려하여 연화장세계의 구현이라 보기도 한다.[28] 산 정상 부근의 다섯 개의 봉우리와 산꼭대기의 세 개의 봉우리와 여러 산봉우리를 백제의 3산(山) 5악(岳) 제산(諸山)의 제의 구도로 파악하기도 한다.[29] 이렇게 대향로의 산에는 박산, 선산, 수미산, 연화장세계, 3산(山) 5악(岳)의 다양한 의미가 중첩되어 있다. 연꽃에서 솟아난 산은 봉우리마다 인물과 동물이 생생하게 묘사되어 있다. 여러 봉우리는 산 정상으로 올라가면서 다섯 봉우리로 모아진다. 봉우리에는 다섯 마리의 새가 올라와 있다. 그 안쪽에 다섯 명의 악사가 악기를 연주하고 있다. 다섯 봉우리는 다시 꼭대기의 3산으로 모아지고 그 위에 봉황이 있다. 산의 역동성과 봉황의 우아한 자태가 잘 나타나 있다. 하지만 산과 봉황의 구도는 백제의 산수문전이나 중국의 향로에 자주 보이는 것으로 새삼스러울 것이 없다.

앞서 대향로의 용, 연꽃, 산, 봉황의 구도가 개별적이지만 중국의 여러 예에서 확인할 수 있다는 언급을 한 바가 있는데 중국 향로의 산과 봉황의 구도는 평면적이며 정적이다. 그러나 백제대향로처럼 산과 봉황 사이에 음악을 배치한 역동적인 사례는 중국에서 찾아볼 수가 없다.[그림 5]

[그림 5] 백제대향로의 5악[악전변]

5악의 연주에 의해 마치 산꼭대기가 열리면서 보주가 솟아나고 봉황이 날아오는 듯한 착각을 일으킨다.[그림 6] 봉황의 탄생에는 음악이란 장치를 두었다.

[그림 6] 백제대향로의 봉황의 출현

즉 악전변(樂轉變)에 의해 봉황을 탄생시킨 것이다. 용전변의 역동성과 연화생의 평정(平靜)은 다시 산 위의 악전변에 의해 절정을 맞는다. 용, 연꽃, 산, 봉황의 외적인 역동성을

5악(樂)의 내적인 역동성으로 뒷받침하고 있다.[30] 5악은 향로의 용-연꽃-산-봉황으로 이어지는 구도가 한 번의 역동성으로 끝나지 않고 연속적인 흐름의 전변으로 이끌고 있다. 산의 5악은 기승전결의 전(轉)에 해당한다.

악전변에 의해 태평성세를 상징하는 봉황이 출현하게 되는데 봉황에 대해서『산해경』[31]에는 다음과 같이 언급되어 있다.

> 다시 동쪽으로 500리를 가면 단혈산이라는 곳인데 산 위에서는 금과 옥이 많이 난다. 단수가 여기에서 나와 남쪽으로 발해에 흘러든다. 이곳의 어떤 새는 생김새가 닭 같은데 오채(五采)의 무늬가 있고 이름을 봉황(鳳凰)이라고 한다. 이 새의 머리의 무늬는 덕(德)을, 날개의 무늬는 의(義)를, 등의 무늬는 예(禮)를, 가슴의 무늬는 인(仁)을, 배의 무늬는 신(信)을 나타낸다. 이 새는 먹고 마심이 자연의 절도에 맞으며, 절로 노래하고 절로 춤추는데 이 새가 나타나면 천하가 평안해진다.
> (『산해경』남산경[32])

하늘과 땅을 연결하는 새에 대한 신앙이 발전하여 만들어진 상상 속의 새가 봉황이다. 단혈산에 산다는 봉황은 몸에 오색(五色)의 무늬가 있으며, 각 무늬는 덕의예인신(德義禮仁信)의 5덕목을 나타낸다고 한다. 절로 노래하며 절로 춤추며, 이 새가 나타나면 천하가 평안해진다고 한다.『서경(상서)』에는 봉황에 대한 다음과 같은 내용이 있다.

> 순임금이 소소(簫韶)라는 음악을 지어 연주할 때 봉황이
> 날아왔다(『십삼경주소』 익직모)[33]

순임금이 태평성대에 소소라는 음악을 지어 연주하니 봉황이 날아왔다고 한다. 『산해경』과 『서경』에서 볼 수 있듯이 봉황의 출현은 태평성세를 의미한다. 대향로의 맨 위 봉황도 태평성세를 바라는 백제의 염원을 나타낸 것이다. 산 정상부의 악사가 다섯인 것도 봉황의 오채(五采)와 오덕(五德)에 상응하는 것으로 볼 수 있다. 특히 음악을 연주할 때 봉황이 날아왔다는 고사는 5악사 위에 봉황을 배치한 향로의 구성과 맞아떨어진다. 다섯 봉우리 위의 새를 비둘기로 보고 이를 백성과 연관시키기도 하지만, 『서경』의 주석에 음악을 연주하자 뭇 새와 짐승들이 춤을 추며 봉황을 기다렸다고 하였듯이, 5악과 마찬가지로 다섯 마리의 새도 봉황을 기다리는 장치로 볼 수 있다.

백제에서 『산해경』과 『서경』을 읽었다는 직접적인 기록은 없다. 하지만 백제의 오경박사의 존재, 남조와의 활발한 교류, 강례박사 육후의 활동 등을 감안하면 이들 책이 백제에 들어왔을 가능성이 높다. 특히 『산해경』의 경우 왕충의 『논형』이란 책에 자주 언급되는데[34], 한성시기 백제는 칠지도를 만들면서 이 책을 참조한 적이 있다.[35] 따라서 백제에서 적어도 『논형』[36]을 통해 『산해경』에 대한 이해가 있었고 이후 사비시기 백제인들도 읽었을 가능성이 높다.[37]

지금까지 대향로의 용-연꽃-산과 5악사-봉황의
기승전결의 전개 과정을 화생전변적 관점에서 파악해
보았다. 산 위 5악사의 음악에 의한 악전변에 의해 봉황이
출현함으로써 향로는 대단원을 맞이하였다. 이를 정리하면
다음과 같다.

봉황(결)	악전변(樂轉變)
산과 5악사(전)	연화생(蓮化生)
연꽃(승)	
용(기)	용전변(龍轉變)

[표 1] 백제대향로의 화생전변

IV. 백제대향로의 제작 목적과 제작연대

백제대향로는 백제 능사에서 발견되었다. 능사의 창건연대는
목탑지에서 창왕[위덕왕]과 누이가 부왕인 성왕을 추복하기
위해 만든 창왕명 사리감이 발견됨에 따라 567년으로
추정된다. 능사는 위덕왕이 아버지 성왕의 명복을 빌고
당시 불안한 정치 국면을 타개하기 위해 세운 사찰이었다.[38]
발굴 성과에 의하면 능사의 강당지는 사찰 창건 이전에 이미
특수한 목적에 의해 사용되었다고 한다. 시기는 성왕이
전사한 554년 이후로 생각된다. 위덕왕 때 창건된 능사는
660년 백제 멸망과 더불어 역사 속으로 사라졌고 1993년
발굴과정에서 향로가 능사의 공방지에서 발견되었다. 능사의

존속 시기는 567~660년으로 추정되지만, 567년 이전
언제쯤 공사가 시작된 것으로 보인다.

　　　　대향로의 제작연대도 능사의 존속 시기와 궤를
같이하지만 그 시기에 대해서는 주로 7세기 전반기로 보고
있는 것 같다. 그 논거는 대향로의 미술사적 접근 방식으로
초당(初唐)시기의 중국 향로에 용의 받침과 꼭지의 봉황이
보이는 것을 들고 있다.[39] 이보다 약간 시기를 앞당겨 6세기
후반 북제에 사신을 파견한 이후인 570년 이후에서 7세기
초로 비정하기도 한다.[40] 한편 대향로의 제작 시기를 538년
사비 천도를 전후한 시기로 보기도 한다.[41]

　　　　570년 이후에서 7세기 전반에 걸치는 향로의
제작 연대설이 중국과의 교류와 중국 향로와의 연관성에
주목했다면, 사비천도 전후설은 백제의 내적 요인에
주목하였다. 내적 요인의 연장선상에서 향로의 제작목적을
백제의 3산(山) 5악(岳) 제산(諸山)의 제사 체계에
입각하면서 567년 이후 만들어졌다는 주장도 제기되었다.[42]

　　　　그러나 사비 천도 전후 혹은 567년에서 7세기
전반에 이르는 향로 제작설은 향로가 만들어진 백제의
시대적 배경을 간과한 점이 없지 않다. 천도 전후설의 경우
능사에서 발견된 향로를 구체적인 근거 없이 다른 곳에서
만들어졌다고 볼 수는 없을 것 같다. 또한 7세기 전반이라
하면 백제의 무왕이 사비의 왕흥사와 익산의 미륵사를
창간하고 있는 시기인데, 이곳에 향로를 봉안하지 않고
능사에 보관한 점을 설명하기 어렵다. 3산 5악설은 백제의
제사 체계와 관련하여 설명하였지만, 향로가 만들어지게 된

구체적인 이유에 대한 설명이 미흡했다.

　　　향로의 제작 시기에 대해서 여러 논자가 의견을 달리하지만, 향로의 사용 목적에 대해선 일치하고 있다. 절에서 발견되었지만, 부처님에 대한 향공양보다는 제사 및 의례와 관련된 용도로 보고 있다. 향로의 용도가 제사 및 의례와 관련 있다면 능사의 창건 이전에 건립된 강당의 성격에 주목할 필요가 있다. 향로의 제작연대도 강당과 마찬가지로 성왕의 전사 이후를 고려해 볼 만하다.

　　　본 글에서는 향로의 제작 시기를 향로의 제작 목적과 관련지어 보았다. 554년을 전후한 백제 사상계의 동향과 정치 상황에 주목하여 새로운 접근을 시도해 보았다. 백제 성왕 때(523~554) 사상계는 크게 유교와 불교로 나눠볼 수 있다. 성왕은 유교 예제에 따라 아버지 무령왕과 어머니 무령왕비의 28개월 3년상을 각각 치렀다. 성왕은 웅진시대 실추된 왕권의 권위를 3년상을 통해 회복하고 자신의 왕위 계승의 정당성을 확고히 하고자 하였다. 성왕의 유교 예제에 대한 관심은 사비 천도 이후 더 강화되어 541년 중국 양나라에 모시박사를 청하기도 하였다. 양나라는 모시에도 밝은 강례박사 육후를 파견하였다. 육후는 사비 천도 후 진행된 백제의 제도, 제사 체계, 예제, 예악 정비에 참여하였다. 22부사의 완비, 5제(帝)에 대한 제사, 3산 5악의 확립, 상장례의 완비 등이 그 구체적 예이다.

　　　무령왕과 왕비의 3년상이 치러지는 526년 인도에 구법을 나섰던 겸익이 귀국하였다. 성왕은 겸익이 가져온 범본 율장을 번역하여 『백제신율』을 만들어 불교 교단의 정비에 나섰다. 율의 정비는 사비 천도 이후에도 계속 이어져 신율을 판각까지 하려고 하였으나 성왕의 죽음으로 뜻을 이루지 못하였다. 성왕은 율(律)의 겸익과 예(禮)의 육후를 동시에 등용하여 유불통치이념을 강화해 나갔다. 한편 성왕은 『법화경』의 석가의 계보와 왕실의 계보를 일치시켜 왕족의 성족관념을 고취시키기 위하여 대통사를 창건하기도 하였다.

백제에서의 불교계와 유교계의 관계는 545년 성왕이 장육불상을 조성하면서 기원한 글 속에 잘 나타나 있다.[43] 그 글 속에 '하늘 아래 모든 중생이 해탈을 이룬다' 라는 구절이 보인다. 여기의 '하늘 아래(普天之下)'란, 『시경』의 '하늘 아래(溥天之下) 왕의 땅 아닌 곳이 없고, 땅마다 왕의 신하 아닌 이가 없다'[44]란 말에서 취한 것이며 '모든 중생이 해탈을 이룬다(一切衆生 皆蒙解脫)'는 구절은 『열반경』의 '일체중생이 불성을 갖고 있다(一切衆生 悉有佛性)'라는 구절과 맥을 같이 하는 말이다. 성왕의 기원문은 『시경』과 『열반경』의 사상을 융화시키고 있다. 이를 통해 545년을 전후한 당시 백제의 불교계와 유교계의 관계가 원만했음을 알 수 있다.[45]

그러나 유불의 원만한 관계가 계속 지속되진 못하였다. 552년 성왕이 노리사치계를 통해 일본에 불교를 전하면서 내린 글에서 유불관계의 변화를 감지할 수 있다.[46] 글에는 불법의 우월성을 말하면서, 주공이나 공자는 능히 불법을 이해할 수 없다고 하였다. 이 글은 국서의 성격을 띤 글로 일본에 보내기 전에 백제 조정의 논의를 거쳤을 것으로

추정된다. 그런데 당시 강례박사 육후의 존재를 고려할 때
유교의 대표적 인물인 주공과 공자를 폄하하는 내용이 실린
것은 쉽게 납득이 되지 않는다. 이는 백제에서의 육후를
중심으로 한 세력의 퇴조를 상정할 때만이 이해될 수 있는
상황이다. 545년 유불의 조화에서 552년을 전후하여 유불의
갈등이 있었음을 상정할 수 있다. 유불의 갈등은 유불의
사상적인 갈등보다는 정치세력의 분열에 따라 조장되었을
수 있다. 중국인인 육후의 세력을 견제하기 위한 불교계와
일부 정치 세력의 반발일 수도 있다. 육후가 양나라를 이은
진나라에서도 벼슬을 하고 있는 것으로 보아 그는 백제를
떠나 중국으로 귀국한 것으로 보이는데, 그 시기는 552년을
전후한 시기로 여겨진다.

      유불의 갈등은 554년 성왕의 전사와 맞물려 백제의
정치 상황을 더욱 혼란스럽게 만들었다. 성왕의 죽음을
계기로 기로(耆老,나라의 원로)들은 위덕왕에게 강력한 책임
추궁을 하였다.[47] 기로들은 육후의 유교적 입장에 동조했던
인물들로 성왕의 죽음을 계기로 반격에 나선 것으로
생각된다. 이에 위덕왕은 성왕의 명복을 빌기 위해서라는
명분으로 출가 카드를 내밀며 정국의 전환을 모색하고자
하였다. 파국을 막고자 했던 위덕왕과 기로는 100명의
승려를 대신 출가시키는 것으로 일단 타협을 보았다.

      『일본서기』에는 백제가 어려움에 처하게 된 이유가
백제에서 '건방지신(建邦之神)'을 멀리했기 때문이라고
하였다.[48] 이 신의 정체에 대해서는 일본의 신[49], 백제의 신[50]
으로 의견이 갈리고 있다. 다만 어느 쪽이든 '건방지신'으로

대표되는 사상계와 정치계가 대립하고 있었음은 일치하고 있다.

위덕왕이 출가라는 극단적인 카드를 이용하여 임시방편으로 어려운 상황을 극복했지만, 현 상황의 타개를 위해서는 유불을 포함한 사상계의 화해와 정치적 갈등의 해소가 선결과제였다. 먼저 위덕왕은 부왕의 3년상을 통해서 이를 해결하고자 하였다.[51] 이미 위덕왕의 조부인 무령왕이 3년상을 치른 적이 있었기 때문에 절차상의 문제는 없었다. 다만 무령왕의 3년상이 빈장 때문에 28개월의 상을 치렀다면, 성왕의 경우 1개월이 줄어든 27개월이었다. 27개월째의 담제와 무덤에 묻는 절차를 같은 달에 치른 것이다. 이와 같은 상장례의 정비는 강례박사 육후에 의해 이루어졌을 것으로 생각된다. 유교적 예제 질서에 입각한 27개월 3년상의 준수는 유교적 입장에 있었던 사람들을 끌어들인 효과가 있었을 것이다.

무령왕의 경우 3년상의 빈전은 정지산에 마련되었다. 반면 성왕의 경우는 능사의 강당에 마련된 것으로 추정된다. 기로들은 성왕의 전사에 대한 책임을 위덕왕에게 묻자 그는 성왕의 명복을 위해서 출가하겠다고 선언하고 나선다. 이는 한발 물러선 기로들의 만류로 이루어지지 않았지만, 그가 출가하여 성왕의 명복을 빌기에 적합한 장소는 성왕이 묻힌 능 근처의 능사가 안성맞춤이라고 생각한다. 능사의 강당지는 발굴 결과 일반 강당지와는 달리 제사에 쓰였던 건물로 여겨지고 있다. 제사의 성격에 대해서는 **구태묘**[52], **사묘(祠廟)**[53], 빈전 등의 논의가 있지만[54] 위덕왕의 출가 동기를 고려한다면 빈전일 가능성이 높다.[55] 물론 성왕의 3년상이 끝나고 난 다음에는 사묘로 용도가 변경되었을 수 있다.

　　　능사 강당지의 3년상의 빈전 설치는 유불의 갈등과 왕과 기로들의 갈등을 해소하는 계기가 되었다. 또한 3년상의 의식을 치르는 과정에서 군신 간의 화합과 왕에 대한 충이 자연스럽게 배어났을 것으로 생각된다. 이러한 분위기를 자연스럽게 자아내는데 예악(禮樂)이 적격이다. 예와 악은 동전의 양면으로 예가 외적인 형식에 의한 절제라면 악은 내적인 마음의 절제라고 볼 수 있다. 그래서 예악일치(禮樂一致)라고도 한다. 예에 입각한 제사와 의식이 정비됨에 따라 그에 걸맞은 악의 정비도 필수적이라고 생각한다. 제사 의식에 사용되었을 것으로 추정되는 백제대향로의 5악사의 배치도 이러한 예악에 대한 이해에 기반했을 것이다.[56]

　　　향로의 5악사의 악기의 구체적인 이름에 대해서 이론이 있지만 완함, 백제금, 종적, 배소, 백제북이라 생각된다.[57] 사실 다섯 악기의 구체적인 편성 의미보다는 악(樂)과 5의 조합에 관심을 두어야 할 것 같다. 산과 봉황 사이에 음악을 배치하여 악전변에 의한 봉황의 출현을 역동적으로 묘사했다는 점은 앞서 살펴보았지만 5란 숫자의 의미도 중요하다. 보통 5의 의미에 대해서 5방(方), 5악(岳), 5제(帝), 5행(行), 5부(部) 등으로 보고 있지만 정작 음악과 관련해선 관심을 두지 않은 것 같다.

궁은 임금이며, 상은 신하며, 각은 백성이며, 치는
사(事)이며, 우는 물(物)이다. 이 다섯 가지가 어지럽지
않으면 조화되지 않은 음이 없다.(『예기』 악기)[58]
악은 종묘의 제사에 군신상하가 함께 들으면 화합과 공경이
생기지 않을 수 없다.(『예기』 악기)[59]
이 대나무는 합한 연후에야 소리가 납니다. 성왕이 소리로
천하를 다스릴 징조입니다. 대나무로 피리를 만들어 불면
천하가 화평할 것입니다.(『삼국유사』 만파식적)[60]

　　『예기』 악기 편에 의하면 궁상각치우(宮商角徵羽)
5음을 각각 임금과 신하와 백성과 인사(人事)와
만물(萬物)[61]에 비유하고 있다. 위 다섯 가지는 어긋나지
않아야 한다고 한다. 또한 악이란 군신상하가 함께 들으면
화합하고 공경하지 않을 수 없다고 하였다. 『삼국유사』
만파식적조에서는 성왕*이 소리로 나라를 다스리면 천하가
태평해진다고 하였다.[62] 육후의 스승 최령은도 오성(五聲)이
서로 상응(相應)하고 변잡(變雜)하여 조화를 이루어야
한다고 했다.[63] 향로의 5악의 '5'도 5음(音)이나 5성(聲)으로
보고 싶다. 따라서 백제대향로의 5악은 바로 전 국민과
사물의 화합, 특히 군신 간의 화합을 강조했다고 생각한다.
구체적으로 위덕왕과 기로의 화합으로 볼 수 있다. 5악의
의미가 악전변과 군신민사물(君臣民事物)의 화합과 조화의
의미로 파악된다면, 대향로의 사상적 배경에 유교의 예악이

---

*성왕은 유교와 불교에서 이상적인 군주를 말한다.

차지하는 위치는 불교와 도교에 못지않다고 생각한다. 대향로는 연꽃의 불교, 5악(樂)의 유교, 선산의 도교가 어우러져 만들어졌다. 이러한 유불도 3교의 조화는 겸익과 육후로 인해 분열된 백제 사상계의 화합으로 볼 수 있다. 물론 그 중심에는 백제의 왕이 있었다. 향로 받침의 용은 연꽃과 선산을 당당히 받치고 있다. 봉황의 출현은 태평성세의 도래를 의미한다. 용과 봉황은 왕을 상징하는 것으로 보아야 한다. 군신의 화합, 유불도의 조화, 왕자의 권위를 상징하는 향로가 쓰이기에 가장 적합한 시기는 바로 성왕의 3년상 기간인 554~557년으로 볼 수 있다. 성왕의 빈전에 사용된 백제대향로는 군신의 화합, 유불도의 조화, 백제의 태평성세, 위덕왕의 권위를 드러내기 위해 만들어졌다.

V. 맺음말

백제대향로의 사상적 배경에 대한 연구는 산을 박산이나 봉래산 등 선산으로 보는 도교적 입장이 우세하였다. 그러나 향로가 절에서 사용되었고 연화생과 수미산의 이미지가 중첩되어 박산 만큼의 도교적 색채가 강하게 드러나지는 못하였다. 화엄의 연화장세계로 보는 입장은 백제에서 화엄이 두각을 나타내지 못했기 때문에 재검토의 여지가 있다. 반면 연화생의 입장은 몸체의 연꽃에서 연화생을 충분히 상정할 수 있지만 그 의미는 제한적일 수밖에 없다. 향로 몸체의 여러 산봉우리를 3산(山) 5악(岳) 제산(諸山)의 제의 체계로 본 유교적 입장은 기존의 불교와 도교에 입각한 연구 경향에 경종을 울렸지만 산꼭대기의 3산을 3산 5악(岳)의 3산으로 보기에는 크기와 상징이 약하다고 생각한다. 오히려 5악(樂)에 의해 산꼭대기의 3산이 열리면서 보주가 탄생하는 이미지로 느껴진다.

  백제대향로의 5악(樂)은 평면적인 산과 봉황의 관계를 역동적인 변화로 바꾸어 놓았는데, 이를 전변의 의미를 빌려 악전변(樂轉變)이라 불러보았다. 향로는 용(龍)전변에 의해 연꽃이 생겨나고, 연화생(蓮化生)에 의하여 산이 생겨나고, 5악(樂)의 악전변에 의해 봉황이 출현하는 기승전결(起承轉結)의 구도로 짜여 있다. 이를 화생전변(化生轉變)의 상징구조라 불러보았다. 5악의 5는 오방, 오제, 오행 등 여러 논의가 있었지만, 궁상각치우의 5음으로 보았다. 5음의 조화는 군신과 백성 사물의 조화를 의미하며 봉황을 불러내는 역할을 한다.

  백제의 성왕은 율종의 겸익과 중국의 강례박사 육후와 함께 유불통치이념을 정립해 나가는데 성왕 30년(552) 유불의 갈등에 의해 육후가 중국으로 건너가게 된다. 554년 성왕이 전사하고, 기로(耆老)들이 아들 위덕왕에게 책임을 묻고, 건방지신이 노했다는 등의 사상적 정치적 갈등이 폭발상태에 있었다. 위덕왕은 이러한 갈등을 해소하기 위하여 성왕의 3년상을 능사 강당에 설치된 빈전에서 치렀다. 3년상의 의례적 분위기를 조성하고 성왕의 명복을 빌기 위하여 대향로를 제작하였다. 향로의 5악(樂), 연꽃, 산은 유불도의 조화를 의미하며, 5악은 군신, 백성, 만물의 조화를 의미하는 것이었다. 백제대향로의 화생전변적 상징구조에 의한다면 악(樂)의 중요성은 불교와 도교에 못지않다. 화생전변의 의미를 염두에 둔다면 백제대향로의 사상적 배경은 유불을 주로 하면서 불교가 약간 앞서고 도교가 그 뒤라고 생각한다. 이 조화 속에 왕을 상징하는 용과 봉황이 아래와 위에 자리하고 있다. 백제대향로는 유불의 조화와 군신민의 화합을 통하여 태평성세를 희구한 위덕왕의 꿈 자체였다.

[미주]

1 국립부여박물관,『백제금동대향로발굴10주년기념특별전
백제금동대향로(도록)』, 충청남도 부여 : 부여박물관. 2003. 11쪽, 14쪽,
60쪽 참조. 책『백제금동대향로 동물백과』본문은『하늘에 올리는 염원
백제금동대향로(도록)』, 충청남도 부여 : 부여박물관. 2013.을 기준으로 했다.
2 윤무병,「백제 미술에 나타난 도교적 요소」,
『백제금동대향로발굴10주년기념연구논문자료집 백제대향로』, 충청남도 부여
: 국립부여박물관, 2003(원 게재는『백제의 종교와 사상』, 충청남도, 1994).
장인성,「백제금동대향로의 도교문화적 배경」,『백제금동대향로와
고대동아세아』, 충청남도 부여 : 국립부여박물관, 2003.
3 최병헌,「백제금동대향로」,『백제금동대향로발굴10주년기념연구논문
자료집 백제대향로』, 충청남도 부여 : 국립부여박물관, 2003(원 게재는
『한국사시민강좌』10, 서울 : 일조각, 1998).
조용중,「백제 금동대향로에 대한 연구」,『백제금동대향로발굴10주년기념
연구논문자료집 백제대향로』, 충청남도 부여 : 국립부여박물관, 2003(원
게재는『미술자료』65, 서울 : 국립(도록)중앙박물관, 2000).
4 노중국,「사비 도읍기 백제의 산천제의와 백제금동대향로」『계명사학』14,
대구 : 계명대학교, 2003.

5 조경철,『백제불교사의 전개와 정치변동』, 한국학중앙연구원역사전공
박사논문, 경기도 성남 : 한국학중앙연구원, 2006. 그리고 백제 불교와 백제
사상 일반에 대해선 다음 글을 참조.
김영태,『백제불교사상사』, 서울 : 동국대학교출판부, 1985.
길기태,『백제 사비시대의 불교신앙 연구』, 서울 : 서경문화사, 2006.
노중국,『백제사회사상사』, 경기도 파주 : 지식산업사, 2010.
조경철,「백제 성왕대 유불정치이념」,『한국사상사학』15, 서울 :
한국사상사학회, 2000.
6 조경철,「백제 성왕대 유불정치이념」,『한국사상사학』15, 서울 :
한국사상사학회, 2000.
7 조경철,「백제 성왕대 대통사 창건의 사상적 배경」,『국사관논총』98,
경기도 과천 : 한국국사편찬위원회, 2002.
8 조경철,「백제 왕실의 3년상 - 무령왕과 성왕을 중심으로-」,『동방학지』
145, 서울 : 연세대학교 국학연구원, 2009.
9 『수서』, 권32, 경적지. "集注毛詩二十四卷(梁桂州刺史崔靈恩注
梁有毛詩序一卷 梁隱居先生陶弘景注, 亡)".
10 조경철, 앞의 논문, 2000.
11 서영대,「백제의 오제신앙과 그 의미」,『한국고대사연구』20, 서울:
한국고대사학회, 2000.

12 조경철, 앞의 논문, 2000.
13 백제의 도교에 대해선 다음 글을 참조
장인성,『백제의 종교와 사회』, 서울: 서경, 2001.
김영심,「백제의 도교 성립문제에 대한 일고찰」,『백제연구』53, 대전: 충남대학교 백제연구소, 2011.
14 조경철,「백제 칠지도의 상징과 명협」,『한국사상사학』31, 서울: 한국사상사학회, 2008.
15 조경철,「백제 칠지도의 제작연대 재론-병오정양을 중심으로-」, 『백제문화』42, 충청남도 공주: 공주대학교 백제문화연구소, 2010.
16 『논형』, 권17, 是應, "儒者又言 古者蓂莢夾階而生 月朔日一莢生 至十五日而十五莢 於十六日 日一莢落 至月晦 莢盡 來月朔 一莢復生 王者南面視莢生落 則知日數多少 不須煩擾案日曆以知之也". 이 밖에 권5, 異虛와 권16, 講瑞 등에도 보인다.
17 무령왕릉에 대해선 권오영,『고대 동아시아 교류의 빛 무령왕릉』, 경기도 파주: 돌베개, 2005.을 참조.

18 불교에서는 탄생을 사생(四生)으로 분류하는데, 습생(濕生), 난생(卵生), 태생(胎生), 화생(化生)을 말한다. 화생은 원인 없이 생겨나는 것을 말하는데, 보통 연꽃에서의 탄생으로 표현되며 이를 연화생(蓮化生)이라 한다.
19 전호태,『고구려 고분벽화 연구』, 서울: 사계절, 2000.
20 吉村 怜,「百濟武寧王妃木枕に描かれた仏教図像」,『天人誕生図硏究』, 東京: 東方書店, 1999. 97쪽
21 조용중, 앞의 책, 2003. 한편 최병헌은 불교에서의 연화생은 천(天)의 연화(蓮華)로부터 천인(天人)이 탄생하는 과정을 말하므로, 대향로의 연꽃과 산의 관계를 연화생으로 볼 수 없다고 하였다.(최병헌, 앞의 책, 2003.)
22 『大智度論』, 권5, 序品, 대정장 25권, pp. 97c~98a. "轉變者 大能作小 小能作大 一能作多 多能作一 種種諸物皆能轉變"
23 청나라 왕선겸(1842~1927)의 장자에 대한 주석서.
24 『장자집해』, 권6하, 외편, 至樂. "成云 陰陽造物 轉變無窮 論其種類 不可勝計"
25 『十三經注周易』, 권7, 繫辭上. "生生之謂易(陰陽轉易以成化生)〔疏〕正 義曰生生不絶之辭陰陽變轉後生次於前生是萬物恒生謂之易也前後之生變化改 易生必有死易主勸戒人為善故云生不云死也"
26 김자림,「박산 향로를 통해서 본 백제금동대향로의 양식적 위치 고찰」, 『미술사학연구』249, 서울: 한국미술사학회, 2006. 151~153쪽
27 『十三經注疏周易』, 권1, 乾卦. "初九潛龍勿用(〔疏〕潛者隱伏之名 龍者變化之物 言天之自然之氣 起於建子之月 陰氣始盛陽氣潛地下 故言初九潛龍也)"
28 최병헌, 앞의 책, 2003. 하지만 화엄의 연화장세계는 아직 백제에

화엄이 자리를 잡지 못하였으므로 따르기 어렵다.
29 노중국, 앞의 논문, 2003.
30 『예기』, 권18, 악기편에 의하면 악은 안에서 동하고, 예는 밖에서 동한다[樂也者動於內 禮也者動於外]고 하였다.
31 『산해경역주』(정재서 역주, 앞의 책), 65쪽
『산해경』, 권1, 南山經. "又東五百里 曰丹穴之山 其上多金玉 丹水出焉 而南流注于渤海 有鳥焉 其狀如雞 五采而文 名曰鳳皇 首文曰德 翼文曰義 背文曰禮 膺文曰仁 復文曰信 是鳥也 飮食自然 自歌自舞 見則天下安寧"
32 『산해경역주』(정재서 역주, 앞의 책), 65쪽
33 『十三經注疏尙書』, 권5, 益稷謨.
"簫韶九成鳳皇來儀(韶舜樂名言簫見細器之備 雄曰鳳雌曰皇靈鳥也 儀有容儀 備 樂九奏而致鳳皇 則餘鳥獸不待九而率舞)"
34 『논형』, 권13, 別通. "禹益並治洪水 禹主治水 益主記異物 海外山表 無遠不至 以所聞見 作山海經"이 외 권6, 龍虛와 권11, 說日 등에도 보인다.
35 『논형』은 유명한 부여[고구려] 신화와 유사한 탁리국의 이야기를 전하는 것으로 유명한데, 『논형』이 백제에서 읽혔을 가능성에 대해서는 조경철, 앞의 논문, 2010.을 참조.
36 최근 부여에서 '오석(五石)'이란 명문이 새겨진 목간이 발견되었는데 이를 선약(仙藥)의 일종인 오석산(五石散)으로 보고 있는 듯하다(김영심, 앞의 논문, 2011). 그러나 『논형』(『논형』, 권2, 率性. "陽遂取火於上, 五月丙午日中之時, 消鍊五石, 鑄以爲器, 磨礪生光, 仰以嚮日, 則火來至, 此眞取火之道也")에 의하면 오석(五石)으로 거울을 만든다고 했으므로, 목간의 '오석'이 선약이 아니고 거울 등의 공구를 만드는 원료일 가능성을 열어두어야 한다.
37 향로의 기이한 동물들은 『산해경』과 비교된다고 한다. 국립부여박물관, 『백제금동대향로(도록)』, 32쪽(인면수신), 34쪽(원숭이), 39쪽(뱀을 물고 있는 짐승) 등 참조.

38 조경철, 「백제 불교의 수용과 전개」, 연세대학교사학과석사학위논문, 서울: 연세대학교, 1996.
김수태, 「백제 위덕왕대 부여 능산리 사원의 창건」, 『백제문화』27, 충청남도 공주: 공주대백제문화연구소, 1998.
39 조용중, 앞의 책, 146쪽
40 김자림, 앞의 논문, 156쪽
41 서정록, 『백제금동대향로-고대동북아의정신세계를찾아서』, 서울: 학고재, 2001.
42 노중국, 앞의 논문, 2003.
43 『日本書紀』, 권19, 欽明 6年 9月. "是月 百濟造丈六佛像 製願文曰 蓋聞造丈六佛 功德甚大 今敬造 以此功德 願天皇獲勝善之德 天皇所用

彌移居國 俱蒙福祐 又願 普天之下 一切衆生 皆蒙解脫 故造之矣". 예전
필자의 글에서는 성왕의 원문(願文)을 성왕이 일본 천황에게 보낸 글로 잘못
이해하였다. 여기서 이를 수정한다.
44 『詩經』, 권13, 小雅, 北山. "溥天之下 莫非王土 率土之濱 莫非王臣"
45 조경철, 앞의 논문, 2006. 94~97쪽
46 『日本書紀』, 권19, 欽明 12年. "是法於諸法中 最爲殊勝 難解難入
周公孔子 尙不能知 此法能生無量無邊福德果報 乃至成辨無上菩提"
47 『日本書紀』, 권19, 欽明 16年(555) 8月
48 『日本書紀』, 권19, 欽明 16年(555) 2月. "蘇我卿曰 昔在
天皇大泊瀨之世 汝國爲高麗所逼 爲甚累卵 於是 天皇命神祇伯 敬受策於神祇
祝者酒託神語報曰 屈請建邦之神 往救將亡之主 必當國家諡靖 人物乂安 由是
請神往救 所以社稷安寧 原夫建邦神者 天地割判之代 草木言語之時 自天降來
造立國家之神也 頃聞 汝國綴而不祀 方今悛悔前過 修理神宮 奉祭神靈
國家昌盛 汝當莫忘"
49 關晃, 「'建邦의 神'에 대하여」(洪淳昶譯) 『韓日關係研究所紀要』8, 대구:
한일관계연구소, 1978.
조경철, 「백제 사택지적비에 나타난 불교신앙」, 『역사와현실』52, 서울:
한국역사연구회, 2004.
50 石田一良, 「所建邦의 神-上古日本人의 世界觀과 政治理念」(洪淳昶譯)
『韓日關係研究所紀要』8, 대구: 한일관계연구소, 1978.
노중국, 『백제사회사상사』, 서울: 지식산업사, 2010. 524쪽
51 『일본서기』에 3년간의 위덕왕의 공위(空位)를 설정하고 있는데 실은 이
3년간의 공위가 27개월 3년상의 기간이었다. 즉 『삼국사기』에 의하면 성왕의
전사가 6월로 되어 있으나 『일본서기』에는 12월로 나와 있다. 『일본서기』의
12월은 성왕의 유해를 신라에서 가져 온 것을 말하며, 이때부터 계산하여
위덕왕의 즉위까지 27개월로 계산된다. 이에 대해서는 조경철, 앞의 논문,
2009.를 참조.
52 김길식, 「백제 시조 구태묘와 능산리사지」, 『한국고고학보』69, 서울:
한국고고학회, 2008.
53 이병호, 「부여 능산리사지 가람배치의 변천과정」, 『한국사연구』143,
서울: 한국사연구회, 2008.
54 신광섭, 「능산리사지 발굴조사와 가람의 특징」, 『백제금동대향로와
고대동아세아』, 충청남도 부여: 국립부여박물관, 2003.
55 조경철, 앞의 논문, 2009.
56 『예기』악기편은 특히 예와 악에 대한 관계를 다루고 있는데 이에 대한
이해는 일본에 오경박사를 파견한 사실이나 10여년간 백제에서 활약한
강례박사 육후를 떠올리면 충분히 예상할 수 있다.
57 국립국악원의 견해를 참조했다. 여기서는 5악을 완함, 백제금, 백제적,
소, 백제고라고 하였다(국립국악원, 『2010 국악기 연구 보고서』,

서울, 국립국악원, 2010. 9쪽). 송방송은 완함, 장소, 북, 거문고, 배소라 이름하였고(송방송,「백제 악기의 음악사학사적 조명」『백제금동대향로발굴10주년기념연구논문자료집 백제대향로』, 충청남도 부여: 국립부여박물관(원 게재는『한국음악사학보』14, 1995).
58 『예기』, 권18, 악기. "宮爲君 商爲臣 角爲民 徵爲事 羽爲物 五者不亂 則無怗懘之音矣"
59 『예기』, 권18, 악기. "樂在宗廟之中 君臣上下 同聽之 則莫不和敬"
60 『삼국유사』, 권2, 기이2, 만파식적
61 사(事)를 노동과 삶, 물(物)을 재물로 푼 해석도 있다. 민족음악연구소,「예기 악가의 악본편 - 음악학적 해석」,『음악과 민족』2, 서울: 민족음악연구소, 1991. 58쪽
62 만파식적의 예악적 의미에 대해서는 김상현,「만파식적설화의 형성과 의의」,『한국사연구』34, 서울: 한국사연구회, 1981.의 논문을 참조
63 『史記』, 권24, 樂書. " 聲相應 故生變〔集解〕鄭玄曰 樂之器 彈其宮則眾宮應 然而不足樂 是以變之使雜也〔正義〕崔靈恩云 緣五聲各自相應 不足為樂 故變使雜 令聲音諧和也".

참고문헌

『논형』『장자』『주역』『예기』『산해경』『일본서기』『사기』

국립국악원,『2010 국악기 연구 보고서』, 서울: 국립국악원, 2010.
국립부여박물관,『백제금동대향로발굴10주년기념특별전
백제금동대향로(도록)』, 충청남도 부여: 부여박물관, 2003.
권오영,『고대 동아시아 교류의 빛 무령왕릉』, 경기도 파주: 돌베게, 2005.
길기태,『백제 사비시대의 불교신앙 연구』, 서울: 서경문화사, 2006.
김길식,「백제 시조 구태묘와 능산리사지」,『한국고고학보』69, 서울: 한국고고학회, 2008.
김상현,「만파식적설화의 형성과 의의」,『한국사연구』34, 서울: 한국사연구회, 1981.
김수태,「백제 위덕왕대 부여 능산리 사원의 창건」,『백제문화』27, 충청남도 공주: 공주대백제문화연구소, 1998.
김영심,「백제의 도교 성립문제에 대한 일고찰」,『백제연구』53, 대전: 충남대학교 백제연구소, 2011.
김영태,『백제불교사상사』, 서울: 동국대학교출판부, 1985.
김자림,「박산 향로를 통해서 본 백제금동대향로의 양식적 위치 고찰」,『미술사학연구』249, 서울: 한국미술사학회, 2006.
노중국,「사비 도읍기 백제의 산천제의와 백제금동대향로」,『계명사학』14, 대구: 계명대학교, 2003.
노중국,『백제사회사상사』, 경기도 파주: 지식산업사, 2010.
민족음악연구소,「예기 악기의 樂本편 - 음악학적 해석」,『음악과 민족』2, 서울: 민족음악연구소, 1991.
서영대,「백제의 오제신앙과 그 의미」,『한국고대사연구』20, 서울: 한국고대사학회, 2000.
서정록,『백제금동대향로-고대동북아의정신세계를찾아서』, 서울: 학고재, 2001.
송방송,「백제 악기의 음악사학사적 조명」『백제금동대향로발굴10주년기념 연구논문자료집 백제대향로』, 충청남도 부여: 국립부여박물관(원 게재는 『한국음악사학보』14, 1995).

신광섭, 「능산리사지 발굴조사와 가람의 특징」, 『백제금동대향로와 고대동아세아』, 충청남도 부여: 국립부여박물관, 2003.

윤무병, 「백제 미술에 나타난 도교적 요소」, 『백제금동대향로발굴10주년기념 연구논문자료집 백제대향로』, 충청남도 부여: 국립부여박물관, 2003(원 게재는 『백제의 종교와 사상』, 충청남도, 1994).

이경순, 「운강석굴에 나타난 연화화생 표현 연구」, 『강좌미술사』15, 서울: 한국미술사연구소, 2000.

이내옥, 「백제금동대향로의 비밀」, 『한국사시민강좌』44, 서울: 일조각, 2009.

이병호, 「부여 능산리사지 가람배치의 변천과정」, 『한국사연구』143, 서울: 한국사연구회, 2008.

이정효·최덕경, 「중국 고대 龍鳳意匠의 변천과정과 백제금동대향로」, 『대구사학』84, 대구: 대구사학회, 2006.

장인성, 『백제의 종교와 사회』, 서울: 서경, 2001.

장인성, 「백제금동대향로의 도교문화적 배경」, 『백제금동대향로와 고대동아세아』, 충청남도 부여: 국립부여박물관, 2003.

전호태, 『고구려 고분벽화 연구』, 서울: 사계절, 2000.

정재서 역주, 『산해경』, 서울: 민음사, 1996(신장판).

조경철, 「백제 불교의 수용과 전개」, 연세대학교사학과석사학위논문, 서울: 연세대학교, 1996.

조경철, 「백제 성왕대 유불정치이념-겸익과 육후를 중심으로-」, 『한국사상사학』15, 서울: 한국사상사학회, 2000.

조경철, 「백제 성왕대 대통사 창건의 사상적 배경」, 『국사관논총』98, 경기도 과천: 한국국사편찬위원회, 2002.

조경철, 「백제 사택지적비에 나타난 불교신앙」, 『역사와현실』52, 서울: 한국역사연구회, 2004.

조경철, 『백제불교사의 전개와 정치변동』, 한국학중앙연구원역사전공 박사논문, 경기도 성남: 한국학중앙연구원, 2006.

조경철, 「백제 칠지도의 상징과 명협」, 『한국사상사학』31, 서울: 한국사상사학회, 2008.

조경철, 「백제 왕실의 3년상 - 무령왕과 성왕을 중심으로-」, 『동방학지』145, 서울: 연세대학교 국학연구원, 2009.

조경철, 「백제 칠지도의 제작연대 재론-병오정양을 중심으로-」,

『백제문화』42, 충청남도 공주: 공주대학교 백제문화연구소, 2010.
조경철, 「백제 불교의 중국 영향에 대한 비판적 검토」, 『한국사상사학』36, 서울: 한국사상사학회, 2010,
조용중, 「백제 금동대향로에 대한 연구」, 『백제금동대향로발굴10주년기념연구논문자료집 백제대향로』, 충청남도 부여: 국립부여박물관, 2003(원 게재지는 『미술자료』65, 서울: 국립중앙박물관, 2000).
최병헌, 「백제금동대향로」, 『백제금동대향로발굴10주년기념연구논문자료집 백제대향로』, 충청남도 부여: 국립부여박물관, 2003(원 게재는 『한국사시민강좌』10, 서울: 일조각, 1998).
최진묵, 「중국 고대 樂律의 운용과 禮制」, 『동양사학연구』89, 서울: 동양사학회, 2004.
홍승현, 「『사기』「악서」와 『한서』「예악지」를 통해 본 漢代 制樂의 실상」, 『동방학지』140, 서울: 연세대학교 국학연구원, 2007.

關晃, 「'建邦의 神'에 대하여」(洪淳昶譯) 『韓日關係研究所紀要』8, 대구: 한일관계연구소, 1978.
吉村 怜, 「百濟武寧王妃木枕に描かれた仏教図像」, 『天人誕生図研究』, 東京: 東方書店, 1999.
石田一良, 「所建邦의 神-上古日本人의 世界觀과 政治理念」(洪淳昶譯) 『韓日關係研究所紀要』8, 대구: 한일관계연구소, 1978.

『백제금동대향로 동물백과』 참고문헌

『고려사』, 『동국여지승람』, 『삼국사기』, 『삼국유사』, 『제왕운기』, 『조선왕조실록』
『고사기』, 『사기』, 『산해경』, 『서경』, 『유마경』, 『일본서기』, 『장자』, 『포박자』

강희정, 『중국 관음보살상 연구』, 일지사, 2004.
국립부여박물관, 『백제금동대향로발굴10주년기념특별전
백제금동대향로(도록)』, 국립부여박물관, 2003.
국립부여박물관, 『하늘에 올리는 염원 백제금동대향로(도록)』,
국립부여박물관, 2013.
김동규 외, 『백제문화 원형의 이해』, 북코리아, 2012.
노중국, 『백제사회사상사』, 지식산업사, 2010.
동국역경원, 『한글본생경』, 동국역경원, 2002.
라선정, 「백제금동대향로 나타난 백제 복식과 콘텐츠」, 『백제연구』 59, 2014.
박경은, 「고구려 고분벽화의 역사상(力士像)」, 『월간상장』 421, 2010.
백제학회 한성백제연구모임, 『목간으로 백제를 읽다』, 사회평론아카데미, 2020.
성현, 『용재총화』; 김남이 외 옮김, 휴머니스트, 2015.
엄소연, 『기의분류로 본 한국의 동물상징』, 민속원, 2013.
전호태, 『화상석 속의 신화와 역사』, 소와당, 2009
정약전, 『자산어보』; 권경순, 김광년 옮김, 미르북컴퍼니, 2021.
정재서 역주, 『산해경』, 민음사, 1996.
조경철, 「백제대향로의 화생전변적 상징구조와 제작목적」,
『국악원논문집』 23, 2011.
조경철, 「백제금동대향로의 사상과 세계관 - 백제 성왕의 유불정치이념을 중심으로 -」, 『백제금동대향로 발굴 30주년 학술회의 발표 자료집』, 2023.
조법종, 「백제 별칭 응준고」, 『한국사연구』 66, 1989.
주경미, 「무령왕릉 출토 동탁은잔의 연구」, 『무령왕릉 출토 유물 분석
보고서II』, 국립공주박물관, 2006.
한국고대사회연구소, 『역주 한국고대금석문』, 가락국사적개발연구원, 1995.

국가문화유산포털 www.heritage.go.kr

국립국어원 우리말샘 opendict.korean.go.kr

국립중앙박물관 www.museum.go.kr

국사편찬위원회 우리역사넷 contents.history.go.kr

국사편찬위원회 한국사 데이터베이스 db.history.go.kr

네이버 지식백과 terms.naver.com

문화포털 www.culture.go.kr

백제역사유적지구 디지털아카이브 archive.baekje-heritage.or.kr

한국고전번역원 www.itkc.or.kr

한국민속대백과사전 folkency.nfm.go.kr

한국민족문화대백과사전 encykorea.aks.ac.kr

e뮤지엄 www.emuseum.go.kr

김동수, "사천에서 두 발로 걷는 백악기 원시악어 발자국 규명" 프레시안, 2020년 06월 15일. www.pressian.com/pages/articles/2020061314292361644

박상진, "봉황이 깃든다는 벽오동나무", 문화유산채널, 2013년 02월 05일. www.k-heritage.tv/brd/board/256/L/CATEGORY/614/menu/253?brdCodeField=CATEGORY&brdCodeValue=614&bbIdx=3913&brdType=R&tab=

백승목, "박물관에서 신라 토우 개를 본 순간 '경주개' 확신" 경향신문, 2012년 04월 20일. www.khan.co.kr/culture/culture-general/article/201204202102525?www

송민섭, "천마도의 '天馬'는 영험한 동물 기린?" 세계일보, 2009년 09월 28일. www.segye.com/newsView/20090928003895

조정육, "2. 삼국시대 불상(2) - 보살상(1)", 조정육의 행복한 그림읽기(블로그), 2010년 8월 3일. blog.daum.net/sixgardn/15770302

천전기, "[2019.02] 부富 와 복福 행운의 돼지", 한국문화재재단, 2019년 02월 11일. www.chf.or.kr/brd/board/741/L/menu/740?brdType=R&thisPage=1&bbIdx=106550&searchField=&searchText=

"[애니팩트] 먼 옛날 한반도 토종 악어가 살았다" 한국일보, 2017년 09월 19일. www.hankookilbo.com/News/Read/201709191150512386

찾아보기

3년상 13~17, 179~210
5 158, 159, 161
5부 13~17
5악 173, 179~210
5악사 13~17, 79, 158, 161, 173, 179~210

ㄱ
가야 47, 151
가어옹 91
각 161
감은사 167
개 95, 127, 143, 149
거문고 73, 165, 176
건방지신 179~210
견우와 직녀 43
견훤 71
경주 49, 123, 143, 145
겸익 179~210
계유명아미타삼존불비상 167
고 161
고관대면 39
고구려 13~17, 24, 29, 43, 47, 55, 61, 87, 93, 95, 97, 107, 109, 131, 133, 141, 147, 165, 167, 169, 179~210
고려 55, 93, 143, 145
고분벽화(벽화고분) 13~17, 29, 43, 55, 61, 87, 93, 95, 107, 131, 133, 147, 165, 167, 169,
고사기 111
고양이 135, 149
고이왕 163
고취 163
공주 공산성 53
공주 수촌리 47
공주 왕릉원 103

공후 161
관 39, 55, 107, 123
관악기 167, 169
관음보살 119
관정 145
광개토왕 24
교체 109
교향악 13~17
구가 95
군자 37, 59
궁남지 79
궁예 57
권투 55
궤장 121
금관가야 151
금동신발 107, 123
기독교 145
기러기 13~17, 79, 85, 158, 159
기루왕 24
기린 49
기마 111
기승전결 179~210
기와 105
긴꼬리새 105
긴부리새 85
김거사집 145
김극기 145
김유신 63, 121, 137
까치 99
꼬리 31, 33, 37, 41, 105

ㄴ
날개 43, 49, 61
날치 61
남부여 139
남양주 91

너구리 149
녹산 139
능사(부여 왕릉원) 13~17, 179~210
능창 57

ㄷ
닭 47
대전 월평동 161
대통사터 29
댕댕이 143
덕흥리 고분 43, 61, 87, 107, 131, 169
도교 13~17, 37, 79, 87, 176, 179~210
도롱이 89
도솔래의상 81
도포 89
독수리 151
동경이 143
동궁과 월지 51
동류수 145
동자 135
동천왕 109
동탁은잔 23, 107, 175
돼지 121
두루미 65
띠풀 89

ㅁ
마가 95
마니보주 179
마복 83
마야부인 24, 81
만세 87
만파식적 167
말 111, 131
매 151, 157
머리 감기 145
멧돼지 109, 129
명상 155
목간 117

무령왕 23, 29, 103, 107, 123, 155, 175, 179~210
무령왕비 29, 155
무술 55
무왕 23, 79, 179~210
무용총 55, 93, 107, 131
문고리 101
문무대왕릉 167
문무왕 51, 167
문수보살 97, 135
문요어 61
물 145
물개 125
물살이 33, 37, 43, 57, 61, 69, 71, 75
물새 45
민화 37

ㅂ
바다사자 125
박산향로 179~210
박해 53
반합 119
발 135
방장산 13~17, 79
배소 13~17, 169, 179~210
백두산 13
백마강 24
백제 13~17, 21, 23, 24, 29, 47, 63, 79, 81, 93, 101, 105, 107, 111, 113, 117, 123, 139, 141, 143, 153, 157, 161, 163, 167, 175, 179~210
백제금 13~17, 161, 179~210
백제북 13~17, 163, 179~210
백제신집방 117
백제악기 161
백호 93
뱀 149
버드나무 119, 121
베개 29

벽오동나무 176
변신술 151
변화무궁 179~210
보길도 91
보주 113, 179~210
보현보살 81
복돼지 109
본생경 115
봉보주보살 113
봉우리 79, 159
봉황 13~17, 23, 49, 79, 101, 113, 158, 161, 173, 175, 176, 179~210
부부 73
부산 79
부여 13~17, 79, 95, 139, 153, 176, 179~210
부여 쌍북리 153
부여 외리 176
부용동 91
북 13~17, 163, 179~210
북채 163
불교 13~17, 31, 37, 59, 81, 97, 115, 145, 176, 179~210
불국사 109
불로장생 153
비어 61
비파 165
빈전 179~210
뿔 33, 41, 49, 139

ㅅ
사냥 57, 71
사비 179~210
사비시 83
사슴 139
사자 97, 135
사자상 97
사자후 97, 135
사천시 35

사출도 95
산 13~17, 79, 179~210
산상왕 109
산수무늬 벽돌 176
산해경 13~17, 61, 83, 149, 175, 179~210
삵 149
삼국사기 24, 33, 51, 79, 109, 143, 159, 163
삼국유사 31, 45, 71, 79, 137, 151, 167, 176
삼신산 79
삼실총 107
상보 81
상원사 135
상징구조 179~210
새 45, 47, 51, 53, 59, 63, 65, 67, 71, 73, 85, 99, 103, 105, 107, 157
새끼 97
생명 59
생성구조 179~210
생성무궁 179~210
서경 13~17, 175, 179~210
서동 23
서산마애삼존불 113
서역인 147
석가모니 24, 81
석조 29
선덕여왕 24, 25
선비 65
성왕 13~17, 139, 179~210
성종 115
성현 39
세례 145
세시풍속 145
세조 135
소관 169
소소 14, 175, 179~210
소정방 63

속담 65
송산리 6호분 93
수달 31, 57
수렵도 131
수로왕 151
수리 151
수리산 85
수박희 55
수촌리 47
수호신 155
승냥이 135
시 85
시경 169
식리총 107, 123
신라 24, 31, 33, 45, 47, 49, 51, 63, 73, 115, 121, 135, 137, 141, 143, 145, 151, 157, 167, 179~210
신문왕 167
신선 13~17, 79, 79, 89, 91, 179~210
신수 23, 31, 33, 37, 39, 41, 43, 49, 61, 83, 85, 87, 101, 103, 107, 113, 123, 133, 147, 149
신증동국여지승람 24, 51
실성이사금 33
쌍사자석탑 135
쌍어 37
씨름 55

ㅇ
아직기 111
악귀막이 10
악기 161, 163, 165, 167, 169
악사 161, 163, 165, 167, 169
악어 35
악전변 173, 179~210
안악 1호분 61
안악 3호분 55, 165, 167, 169
안압지 51
안종약 39
알영 24
알천 137
압유사 45
압침 45
압해현 57
약부 117
약아 117
약초 117, 153
양모양머리장식 161
양직공도 141
어부사시사 91
어부지리 71
언양 45
엘리제를 위하여 13~17
여우 121
여의주 13~17, 113, 176, 179~210
역사 133
연꽃 13~17, 29, 59, 79, 81, 175, 179~210
연꽃무늬 29, 59
연못 51
연산군 67
연화생 13~17, 29, 179~210
예기 179~210
예악 13~17, 179~210
오대산 135
오리 45, 47, 85
오산 79
오석 153
오석산 153
오회분 4호묘 133
오회분 5호묘 169
옥보고 73
온조왕 159
완도 91
완함 13~17, 165, 179~210
왕건 57, 71, 121
왕인 111
왕흥사터 105, 153

외뿔 103
외뿔고래 33
외뿔새 103
외수 133, 147
용 13~17, 21, 23, 24, 29, 49, 161, 167, 173, 179~210
용봉환두대도 23
용왕 121
용재총화 39
용전변 21, 179~210
우 161
우가 95
우의 89
운모 153
운학문 65
원숭이 13~17, 115
원앙 73, 85
원앙곡 73
월금 165
위덕왕(창왕) 105, 179~210
유교 13~17, 37, 59, 179~210
유두 145
유리동자상 155
유마경 97
유불도 13~17, 179~210
육후 179~210
윤선도 91
음악 175
응유 157
응준 157
의박사 117
의복 65, 141
의상 176
의약 153
의자왕 143
의학 117
이부식 구조 141
이암 127
이응희 85

이차돈 115
인면수신 83
인면조신 43, 87, 107, 123
인물 39, 55, 81, 89, 91, 111, 117, 119, 121, 131, 141, 145, 153, 155, 161, 163, 165, 167, 169
인물역사상 147
인어 33
인조실록 75
일관 159
일본서기 111
일산 79

ㅈ
자산어보 61, 69
자연신 147
자장 45
작제건 121
잠룡 13~17, 179~210
장구섬 35
장천 1호분 93, 97, 147, 167
장항리 절터 97
재생 119
쟁 161
저가 95
저고리 141
저돌 129
전륜성왕 179~210
전변 13~17, 179~210
전변무궁 179~210
정약용 69
정약전 61, 69
정양 13~17, 179~210
정철 91, 176
제사 47
제왕운기 157
조선 55, 65
족제비 125
종묘제례악 13~17, 179~210

종적 13~17, 167, 179~210
주작 93
주통촌 109
죽림칠현 165
지약아식미기 117
지엄 176
지팡이 91, 119, 121
진 43
진묘수 101, 103

ㅊ
채약사 117
천구 149
천마 43, 49
천마도 49
천상 세계 133
천세 87
천연기념물 35, 143
천주교 53
천추 87
첨성대 25
청관음경 119
청룡 93
청명 119
최고운전 129
최충 129
최치원 129
치미 105
칠보 81
칠지도 13~17, 179~210

ㅋ
코끼리 81

ㅌ
타악기 163
탈해 151
태평성대 173, 175
택견 55

토기 47, 143
토끼 137
토우 143
토종견 143
통도사 45
퉁소 165
파충류 37
팔상도 81
포 141
포박자 87, 153
포수 101

ㅎ
하동수쿠스 35
학 65
한금사 161
한식 119
합장 155
항쇄 53
해남 91
해적 57
해치(해태) 41
향약집성방 153
현무 93
현악기 161, 165
혜통 31
호랑이 93, 99, 137
화생전변 179~210
화석 35
화엽보주 113
화조구자도 127
황남동 고분 143
황룡 13~17, 179~210
황룡사 157
황새 53, 63, 65, 67, 71, 75, 85
황새바위 53
황새싸움 75
횡적 167
흑산도 69

백제금동대향로 동물백과

초판 1쇄 발행. 2022년 10월 4일
초판 4쇄 발행. 2025년 09월 12일

글 및 편집. 조부나 조부용
디자인. 남선미
일러스트. 남연주
감수. 조경철

펴낸곳. 유물시선
등록. 2023년 1월 23일 제 2023-000003호
ISBN. 979-11-980204-0-6
이메일. yumooleyes@gmail.com
instagram. @yumool_eyes
twitter. @my_k_history
인쇄 및 제책. 엠그래픽스

ⓒ 2022, 유물시선

*책값은 뒤표지에 있습니다.
*잘못 만들어진 책은 구입하신 서점에서
 바꾸어 드립니다.
*이 책은 FSC® 산림 인증 용지로 제작하였습니다.
*이 책은 한국출판문화산업진흥원 '2023년 세종도서
 교양부문'으로 추천되었습니다.